執行草舟の視線

美しい星いづこへ

竹本忠雄

執行草舟の視線

美しい星いづこへ

三島由紀夫の英魂にささぐ

太陽の聖痕　プレリュード

執行草舟と私が出遭ったのは、わずか三年たらず前のことにすぎない。西暦二〇二〇年十一月二十五日、憂国忌五十周年式典の壇上においてだった。三島由紀夫・森田必勝両烈士の遺影のもとで、私は斎主として祭文を奏上し、草舟は式典を飾る気迫の雄弁を振るった。席上、祭儀に先立って、隣り合って言葉を交わしただけで、これはただびとならずと直観した。火花が散り、以後、連星のように互いにぐるぐると回りながら引き合った。

見えない中心の引力とは何だったのであろう。これを知りたいと思い、追求したのが本書である。

自分より一回り以上もの年若ながら、この人の悲劇的純粋性、徹底性には及ばないと感じて交流を深める間に、気がつけば、ペンを握ってそのモノグラフィーを書きはじめていた。しかも、病床で——。昨年夏、不覚にも肋骨数本を折るアクシデントに見舞われて外科病院に入院中に、ある夜、いかなるデモンに突《つ》かれてか、突如、ベッドに身を起こし、原稿用紙にかがみこんだ。痛みをこらえて書きつづけ、四十七日間の入院生活を終えて退院後も続行し、五ヶ月半かけて、今年二月、擱筆《かくひつ》した。

その間、一日も休まずに。

そんなことは長い私の物書きの人生においても初めてのことだった。それほど物狂いにさせるものがこの非凡な対象にはあったということである。執筆中、ある幻影に取り憑かれていた。若き草舟が目黒不動尊に三百六十五日間日参した姿である。私自身は、実人生において重大事を何度も中断、挫折し、失敗を重ねてきた愚人である。しかし、今度ばかりはと決意して、草舟を手本に集中し、満願成就を見ることができた。


ここから浮かびあがってきた草舟像は、どのようなものであろうか。

それは、今の世に武士道を復活させることを自己の召命（invocation）と心得る一個の英雄像である。だが、それだけなら、他に類例もあろう。異とすべきは、武士道を「不幸の哲学」と解して、痛苦を、死を、避けるのではなく、あえて身《しん》肉《にく》にアシュメーした（assumer 引き受けた）生きかたである。人生の本質と虚無の関係を、宇宙生成と暗黒物質《ダーク・マター》の関係とパラレルと見て、否《ひ》、否、否……と深坑《しんこう》を穿《うが》った果てに光を見ようとする探索の烈しさをフォローしていくうちに、私の脳裡には、アンドレ・マルローがド・ゴール将軍を評して言った「ノンの人」という一語が聞こえてきた。「将軍は万人にノンと言った――万人にウイというために」と。

宇宙創生論《コスモゴニー》と武士道を一体化した達観に私は非常な新鮮味を感ずるとともに、それが単なる抽象的思惟《しい》ではなく苛烈な――命がけの――草舟自身の行《ぎょう》体験に裏打ちされたものであることに引きつけられた。城ヶ島と目黒不動尊での二つの神秘体験である。わけても、城ヶ島での自決未遂事件は凄まじい。自ら「太陽との合一」と呼ぶ信じがたい超自然現象が起こった。切腹を果たそうとして果たせず、しかし、果たしたも同然だった。ミステリアスに血糊《ちのり》のついた短刀は、彼の魂が蒙《こうむ》った受苦《じゅく》の徴《しるし》、聖痕《せいこん》(stigmate)、太陽の聖痕の証《あかし》だったに相違ない。

歴史世界では受け容れられず、霊性世界でなければありえない事象である。神話と同様に。合理でなく、ヴィジョン優先でなければ見えてこない次元といったものが明らかに存する。諸宗教が依って成り立つ基盤とした、そのような「見えない世界」は、十九世紀以来、進歩主義と混同された科学的史観によって迷信として斥《しりぞ》けられたが、二十世紀前半から徐々に復活を見た。そして復活を促進したものは、もはや別の宗教ではなく、別の科学だった。量子力学的世界観は非常識を導入した。二十世紀後半に日本から西洋に浸透した禅は、物と心を分けない非二分性（non dichotomy）の領域を「霊性」（spirituality）として啓示することにより、西洋文明にとって革命となった。ちなみに、この語をこの意味で創始したのは、巨匠鈴木大拙である。

孤独な、特異な、執行祐輔《しぎょうゆうすけ》と名乗る青年の、二つの神秘体験――「絶対負」と呼ぶであろう――に、本書は、従って、このような現代の尖端科学的角度からも照明をあてようとこころみた。

生まれつつある「霊性文明」の舞台に据えて、ということにほかならない。

二十一世紀は、「ふたたび」、すなわち騎士道と武士道が共時的に発祥した十二、三世紀の、あの偉大な東西文明に見るような霊性が復興しなければ「存在しえないであろう」とは、アンドレ・マルローの有名な予言である。それが恐るべき意味を持つ時代が到来した。ウクライナ戦争の本質さえ、霊性的次元から見るならば、俗に言われる「民主主義」対「専制主義」という以上に深い、おそらくはヨハネの黙示録的ヴィジョンのみが照射しうる、蒼白な、無限葛藤の様相を呈することであろう。

根源的ヴィジョンである。

このような捉えかたを欠くゆえに、文明の没落を前に、魂の浄化からその再興をと叫ぶ義人たちは、近代以後、単純にロマンチストと呼ばれてきた。三島由紀夫も、黛敏郎も、そう自称してためらわなかった。しかし、ロマンチストとは、ヴィジョネール（幻視者）の文学的側面にすぎない。

その意味で、執行草舟は、ヴィジョネールなのである。

その視線の果てに、何を彼は見たか。

そのとき、彼は何者であろうか。

私が描きたかったのは、銀河を仰ぐ、この未知なる肖像である。

目次

太陽の聖痕

序説

三島由紀夫は小説『美しい星』で不思議な予言を遺している。手元に資料がないので——私はこれを現在入院中の病床で書いている——自分なりの勝手な記憶と用語で記せば、平和について、ざっと、こんなふうに。

平和は、人類にとって、時間の原理が一変しないかぎり到達不可能である、と。過去と未来がひっくりかえり、瞬間が永遠と一つにならないかぎり……といったことも言われていたように思う。

そうでないかぎり、美しい星——地球は炎上するであろうというのである。


SF的外観を保ったこの小説のこの部分が批評家筋からどう受けとられたかは知らない。が、私にとっては最重要のメッセージ、命題にほかならないものであった。そして極めて恐ろしい——。

そうだ、たしか「時間の不可逆性の崩壊」と書いていた。

しかし、なぜそれが平和の絶対条件だというのであろう。

私はここに二十一世紀文明の最大与件が予示されているように感ずるのである。

*

過去において、そのような崩壊の生じた時代、文明があっただろうか。それは、あった。偉大な宗教文明がそれだった。いわゆる中世はその一つである。死を知ったもののふだけがそれを知っていた。そして彼らは文明の頂点にあった。それは、西洋における騎士道と日本の武士道によって成し遂げられたのだ。

不可逆性の逆転と、われわれは物理学的用語でいう。

しかし、彼ら——騎士と武士たち——は、それを生きていたのだ。彼らにとっては、そのほうが、非時間的原理のほうが、真のリアリティだったのだ。死と真向かうことから逆流して、いのちの時間は彼らのまえで流れていたのではなかろうか。

三島由紀夫は現代にそのような非時間的法則を復活させたヴィジョネール（幻視者）である。『奔馬』の主人公、飯沼勲は、二十歳で、自刃《じじん》の直前に、真紅の太陽が眼裏《まなうら》に昇るのを見ている。その瞬間、「時の障壁」が取り除かれる。死を決行するさなかにおいてのみ、時間秩序は逆転し、過去と未来を仕切る障壁は「ガラスのように透明化し」、決行者は、両者を等分に見透かす地点に立つ……

「陶酔」とそれを呼ぶのが三島イズムである。

だが、なぜ、いかに、それは文明とかかわるのであろう。

*

国士飯沼勲が最期に見たものを最初に見る、幻視することから生きはじめるのが、もののふの道だった。

日本においても西洋においても。

西洋では、盾持ちが騎士に叙位されるときの儀式にそれを見る。

叙位式の前日、候補の若者は独り密室で神秘的一夜を過ごさねばならない。白衣をまとい、闇におぼめく常夜灯《ヴェイユール》のもと、壁面から突き出た聖母マリアの半身像の前にひざまずき、熱祷をささげる。夜をこめて流れ入るグレゴリオ聖歌の響きに勇気づけられながら、固く誓うのだ――おゝ、世にも尊きマリアさま、生涯、私は、あなたさまを至高の貴婦人《ダーム》として崇めます、と。

聖なる一夜が明ける。盾持ちは、頬を紅潮させ、城の大広間に通される。全廷臣の居並ぶ前に、一人の騎士が彼の前に現れ、着具の儀を行う。すなわち、聖母礼讃を唱えながら、その誦頌《ずしょう》の一句ごとに若者の体に具足の一つずつを付けていく。最後に鎧を着せ、冑をかぶせ、剣を佩《は》かせて全ての所作が終わったところへ主君が近付き、ひざまずいて合掌する若者の肩を長剣で打って儀式は終わる。かくして盾持ちは騎士に叙位されたのだ……。

一見晴れやかなこのセレモニーの陰に、しかし、実は恐ろしいリアリティが隠されている。それは、騎士がその名に恥じるような行為を犯した場合、「着具の儀」と正反対の「脱具の儀」によって明らかとなる。剣から始まって具足に至るまで一つずつを引き剝がされ、最後に熱湯を頭上に浴びせられて儀式は終わるのである。

先行するこの死のヴィジョンと真向かってこそ、騎士の誕生はかくも輝かしいものとなった。マリアへのひとすじの愛に導かれて――。

かくのごとく死を常住とする思想があったのが中世である。

わが国においては、武士道は、戦後、封建主義の名のもとに一刀のもとに斬って捨てられた。すなわち、民主主義の反対物であるとして。敗戦国日本においてそれは決定的だった。民族の漂流がそこから始まった。戦前教育を受けた私もその例外ではなかった。ド・ゴール特使として来日した作家のアンドレ・マルローに、同学の友と、このような質問を投げたことが思いだされる。

「主君への絶対的忠誠は今や日本では封建的として断罪されています。これを貴下は如何に判断されるや？」と。

これに対して『人間の条件』の作者が答えた言葉は、永久に我が魂を覚醒せしめるものであった。

「それは主君への交わりの誓いであるとともに、トランサンダンス（超越 Transcendance）との交わりの誓いなのである」

＊

とマルローは答え、「騎士が叙位されるときの跪坐《きざ》合掌の身振りは祈りの姿勢から来ている」と教示してくれたのだった。

「トランサンダンス」という考えはそれまでの私共にないものだった。共産主義はもちろん、民主主義にもない。トランサンダンスは、民主主義の美名のもとに隠された内なる唯物主義的思考を暴露する。もちろん、民主主義的武士道、騎士道なるものは存在しない。

*

時間の不可逆性が崩壊するような世界、それこそは到達不可能な平和実現の道であると三島由紀夫は説く。その秘訣《ひけつ》は死にありと見て、自ら実践した。彼の自刃は、憲法改正という政治目標より深く、形而上学的意義を持つものだったに相違ない。

令和四年現在、与党は参院選で改憲勢力三分の二以上の議席を確保したが、だからといって三島自刃の目標がこれで達せられたはずがない。

事は、二十世紀の不可知論文明の遺した課題にどう向き合うかにかかわっている。真理、神といった至高価値を否定するわけではないが、それがどういうものか分からないと判断保留する立場が、不可知論《アグノスチシスム》である。かつての懐疑主義と同じではない。科学上（量子力学的）の不確定性原理を踏まえ、霊性の名のもとに宇宙との紐帯《ちゅうたい》を認める立場であるからだ。「不可知論とは信仰（foi フォワ）以上のものでもそれ以下のものでもない」とさえマルローは私への書翰で言い切っている。

しかし、留保は留保である。括弧はどこかで外さなくてはならない。究極の問題は死であり、不可知論者はこれをただの生の終焉とは見ない。では何と見るか？

同様に、人間を、もはや宇宙の中の余計者、異邦人とは見ない。人間は、もはや不条理の存在ではないのだ。では何か？

このように問いを発するとき、過去にこれに肯定的に答える霊性文化があったとして顧みられる中に、群を抜いて輝きを発するのが、騎士道と武士道なのである。両者の発祥は、騎士道の場合は、十二世紀、聖ベルナールによって神殿騎士団のために「騎士道典範」が起草されたとき、武士道は、それより一世紀ほど遅れて北条泰時により「貞永式目」が制定されたときと、いちおう定義しうるであろう。どちらも「敬神第一」を説き、勇気、忠誠などの徳目のほか、魂の次元におけるトランサンダンスこそは、両道発祥の真因なのであった。

*

しかしながら、右は歴史的説明にすぎない。

われわれは過去の霊性文化的事象を単に歴史的知識として捉えることに自足し、それらの個的内的体験の内側にまで分け入って理解することは稀である。先に、一個の盾持ちが騎士となるために如何なる一夜の経験を経なければならないかを垣間見たのも、そうした内的体験に触れんがためであった。彼は、愛と死に同時に向き合わねばならなかったのだ。しかして、至高の愛の対象は、神殿騎士団員の場合には、彼らの守護聖人たる聖ヨハネが十字架上のイエスの命によって守った聖母マリアに向けられるものであった。しかもマリアは、ただにイエスの母であるのみならず、信仰によって「天の元后」の名が示すような宇宙的存在にまで高められた何かであった。

「西欧と愛」のテーマが明治以来、比較文化的に日本の文化人に課されてきた。愛を「寝る」行為としか受けとれない日本人といった劣等意識さえ生んで。この問題は素通りされて今日に至っている。

ところが、とんでもないと声を挙げる一人の人士がここに現れた。『葉隠』の「忍ぶ恋」があるではないか、と。

それだけではない。この人は、「武士道とは死ぬことと見つけたり」の思想――かくも平和日本からかけ離れた――を「負のエネルギー」として捉え、しかもそれを宇宙のダーク・エネルギーと同一視する踏みこんだ根源的ヴィジョンを持している。勝手な憶測ではない。ビッグバン以前の宇宙は物理学の研究対象ではないという在来説を打ち破った一九七〇年代のデイヴィッド・ボームの「暗在系」学説――負のエネルギーに満たされた大海から飛沫的に現宇宙が生まれたとする──から、「自発的対称性の破れ」から宇宙が生じたとする二〇〇八年ノーベル物理学賞の南部陽一郎の学説に至るまで、革命的コスモゴニーによって人類の世界観は書き替えられたが、期せずしてミスターXのヴィジョンはそれと一致していいるのである。

執行草舟《しぎょうそうしゅう》と、このXは名乗る。

十代にして三島由紀夫と親交を深め、多くの著書を出しているが、その中心思想は『超葉隠論』（実業之日本社、二〇二一年）にあると見てよかろう。世に『葉隠』礼讃者は数限りもない。珍しいのは、そこで、「聖ベルナールと山本常朝とは同一人物なり」と言い切っていることである。比較文化は二十世紀の一つの花形学問ジャンルだったが、多くは異文化間の影響関係の追求であった。ある意味で唯物主義的方法論といえよう。しかし、影響なくして魂が出遭う場なるものがあり、そのほうがはるかに深いのだ。草舟は続けて言う。「私の武士道は、まず、詩人アルチュール・ランボーと共振した。そして、中世スペインの神学者、十字架の聖ヨハネと禅の巨人、道元である」

繰りかえし言おう。

出遭いは影響より深し、と。

武士道と騎士道の変遷史を比較すれば、互いに何の交流もなしに、三回の類似した展開の時期を経てきた事実に驚かされる。さながら人類の「世界魂」（ゲーテだったろうか）なるものがあるようにしか見えない。それにしても、シュルレアリスムではないが、一見まったく無縁な二つの文化事象を等記号で結ぶとは、只者ではない。高度な精神作用であるとともに、二十世紀から二十一世紀への展開の特異点をそこに見いだしうるように思うのである。マルローの場合も、最後の美術論『非時間の世界』フィナーレで次のように書いたが、紛れもなく二十一世紀へのメッセージにほかならないものであった――

「コレ（ギリシアの女神像）の像が、どうして観音像と対話しないはずがあろうか」(Pourquoi la Coré ne rejoindrait-elle pas la Kannon?)

＊

かくして二十世紀の課題、不可知論を乗りこえる曙光《しょこう》は見えてきた。それが可能となる条件として、霊性のファクターが大きく働いていることを無視しえない。

霊性――スピリチュアリティ――の一語が広がったのは第二次大戦後のことだった。東洋では鈴木大拙、西洋ではカール＝グスタフ・ユングが大いにこれに貢献した。仏教と深層心理学の、深奥の内空間をそれぞれの角度から共有して異なるのは、心理学という科学を重んじたユングにおいては宇宙から切り離されていることだった。あるとき大拙がユングに「あなたの集合的無意識 collective unconscious は宇宙的無意識 cosmic unconscious と言ってはいけないのかね」と問うたのに対して、相手は「アイ・アム・サイエンティスト」と答えて口をつぐんだ。

もっとも、ユングは、最晩年に、タブーを犯して「宇宙」を容認するところまで踏み込んでいったが。

一個の文明が文明として成り立つためには、その時代の最も隠微なる形而上学が最も前衛的な科学学説と一致しなければならない。

いや、その時代とは限らない。この点においても執行草舟の次のような指摘には、私は共感すること多大なのである。

自然科学ですらが、その本質は文学なのです。……ハイゼンベルクは、自然科学の研究には「詩の心」が必須だとはっきり言っています。この偉大な物理学者は、北海に浮かぶヘルゴラント島で、哲学を中心とするギリシア文学の古典を読んでいるときに、量子力学の根本と不確定性原理を発想したと書いています……

——執行草舟『根源へ』講談社、二〇一三年

一九三〇年代にアメリカで発表された大拙の『華厳の研究』は、その有名な帝《たい》釈天網《しゃくてんもう》の「相即相入」ヴィジョンがジェフリー・チューらの「ブーツ・ストラップ」（靴ひも）理論と結びついた、つまり量子力学的世界観と結びついたことで画期的だった。

換言すれば、最もミステリアスな東洋の形而上学が最先端の科学理論と結びつき、それによって時代——二十世紀文明——のフォーメーションに寄与したとい

うことである。

ともあれ、ここから、現代における霊性復興の夜は明けた。その大展開の一起因となったのが一九六〇年代の禅のヨーロッパ浸透にほかならない。時おなじくして「ヴァチカンII」のローマ法王回勅によるエキュメニズム運動（キリスト教間の一致）が禅受容を促進したことも看過しがたい。

さらに巨視的に見るならば、二十世紀文化活動で主導的役割を果たしたルドルフ・オットーによる「聖なるもの《ダス・ハイリーゲ》」の思想が行きづまりを呈するに至ったことも無縁ではない。禅の「廓然無聖《かくねんむしょう》」（聖俗不二）は、聖俗を峻別するユダヤ・キリスト教的「ダス・ハイリーゲ」（仏、サクレ）と拮抗《きっこう》し、やがてそれを乗りこえる趨勢をさえ示すに至ったのだ。宇宙は確かに霊《スピリッー》に満ち満ちている。だが、なぜそれをゴッドと呼ばなければならないのだろう？

ユングが『アイオーン』でこう書いたのは、このような変遷を背景に置いてのことだった。

キリスト教中心の西洋文明の終末は二十世紀末から二十一世紀初めにかけ

て到来する。そして次の文明は、ゴッドではなく、霊性の支配する時代となるであろう。

霊性発祥の謂われはざっとこのようであった。

小林秀雄が「何という冷たさだ」と言って一蹴した第二次大戦後大流行のサルトルの実存主義とは、およそ正反対の方向転換と言いうるであろう。しかも、これを支えるのはサイエンスなのだ。人類文明を一変させるような。たとえば、二つの粒子が宇宙空間でどんなに遠く離れていても互いに関係性を保つような現象(EPR)は、いまや量子コンピューターに応用されつつある。

話が飛躍しすぎただろうか。

私が言いたいのは、二十世紀の不確定性原理にもとづく不可知論文明――三島由紀夫もマルローもはっきりと自分は不可知論者だと表明している――から脱却して、何らかのより肯定的な次文明のフォルムが模索されつつあるとき、個として、存在として、一個の人間が如何にそれを感知して生きうるかということなのである。マルローは、伊勢神宮の千木《ちぎ》を凝視することによって「伊勢とアインシュタインの相対性理論は収斂する」(La théorie de la relativité d'Einstein et Isé convergent.)との「サトリ」を得た。そして「すべての雲は同じ空の中へと溶け入る」(Tous les nuages se dissolvent dans le même ciel.)と書き残して(『非時間の世界』)世を去ったのである。

前講釈が長くなったが、私自身、このような超越的体験に憧れて生きてきた人間なので、ここに実存的に、つまり息をするようにそれを血肉化して生きてきた人物があると知って非常に驚いたのである。

執行草舟は言うのだ、たとえば——

「……(人間は)宇宙の負を取り込んでいる。我々の命は霊性の化肉、復活した命である」と。

何をもって、では、われわれは宇宙の負を取り込み、霊性の化肉、復活した命たりうるかといえば、「破れ」によってであると草舟は答える。

「破れ」とは、前記のごとく、「自発的対称性の破れ」によって宇宙は——無く、て元々のところ——存在したとの革命的物理学説であるとともに、期せずして、西洋錬金術で腐敗作用と呼ばれる「作業《オプス》」成就のプロセスとも一致している。博捜の人、草舟は錬金術にも明るく、この「腐敗＝ピュトレファクション」を『葉隠』の「死に狂い」の思想に投影し、死して生きる武士道の秘義をそこに洞観《どうかん》するのである。

禅と禅芸術についての草舟の端倪《たんげい》すべからざる学殖は、円覚寺管長、横田南嶺老師との対談集、『風の彼方へ』にも横溢して余すところがない。

*

このような論議が果たして現実に対して何の役に立つかと問う向きもあろうが、そうではない。その正反対である。それというのも執行草舟の根本思想は文明批評にあり、それは現代世界の更新を目ざすものであるからにほかならない。

端的に、五ヶ月前、二〇二二年二月に始まったロシアのウクライナ侵攻を見るがよい。プーチン大統領は、結局のところ、自身の信ずる神話を生きている。はなはだ身勝手な、ディアボリックなものではあるけれども。しかし、明日、彼がその鉾先を日本に向け、北海道に侵攻してきたら、現下の日本にはそれをもって抗するだけの信ずべき神話があるだろうか。民主主義の名において日本はそれを早々に葬ってしまった。二つの民族が戦うとき、まず、それぞれの神々が戦うと見た古代ギリシアの思想は永久に正しいのである。

ウクライナ戦争に驚愕して西側陣営は、これでグローバリズムは終焉して世界はふたたび分断主義に戻ると戦々恐々である。そもそも、一九九一年のソ連崩壊をもって「歴史は終わった」とする早とちりのフランシス・フクヤマの楽観論が持てはやされたことさえあった。なぜこのような謬見《びゅうけん》が生じたのか。ところが、こうした事態を見透かしていた眼があった。ほかならぬ三島由紀夫である。『美しい星』の中で、悪のトリオの主領格、羽黒助教授の口をかりて、こう言っているのだ。

「我々は核戦争から逃れられない。それは個人の気まぐれや錯乱、『不幸な偶然』から起こる」

これは何とよくプーチンの肖像に当てはまることだろう！

そしてそのあとである、ヴィジョネール三島の凄《すさ》まじさが発揮されるのは。彼は喝破するのだ。

「集団の時代が終わったということは、おもてむき画一化をすべての建前としている現代史の、実は最も怖るべき秘密なのだ」と。

現代文明の「画一化《グローバリズム》」は外観《うわべ》だけにすぎないと、すっぱ抜いている。

こう聞いて、トリオの一人、「床屋」は、浮かれて、踊りあがらんばかりにこう言ってのける。

「人間は必ず水爆のボタンを押します。ボタン、ボタン、可愛いボタン」

プーチンの行くところ、どこへでも、怪しげな男が核の押しボタン入り黒カバンを持ち歩く姿が映像で世界中に流布されているこんにち、この道化者の言葉に笑う人間は一人もいないであろう。だが、なぜ三島の眼に、今より約六十年前に、かくまでも真実は曇りなく映しだされていたのか。

霊性の次元で見ていたからである。

そこにこそ、彼のジェニー（天才）はあった。

そして、ここまで読んだとき、SF的外観を装ったこの恐るべき啓示書の「平和は到達不可能」の意味をわれわれは悟るのである。時間の不可逆性が崩壊しないかぎり平和は不可能である、という意味は、人類が霊性的次元に入らないかぎりとの意味だったのである。

もっとも、人類という用語は、もはや疑問である。大事なのは個の人間だ。「うわべの画一性」に騙《だま》されてはならない。

私は思いだす。

戦後、日本の文芸誌『群像』が「日本には平和憲法があります。核の時代にあなたはどう向き合いますか」と愚問のアンケートを発したのに対して、アルベール・カミュがこう答えたのを。

「世界はつねに破壊する側と創造する側に分かれてきた。私は創造する側として、ひとり、立ち向かうのみ」と。

同様の思想を、執行草舟は三島の言葉を引用して言うのだ。

「人間は肉体でそこに到達できなくても、どうしてそこへ到達できないはずがあろうか」

続いて十字架の聖ヨハネの言葉をこう引用している――

「お前の知らぬものに到達するために、お前の知らぬ道を行かねばならぬ」


独り往く。

宮本武蔵の「独行道《どっこうどう》」もそれであった。

狂乱の独裁者が、ひとり、世界を敵にして立つならば、われも独り、これに対峙して立つ。

ただし、こちらは、魂と信《フォワ》を身に帯びて。

十二世紀、聖ベルナールが「新騎士道」を称揚したときがそうだった。

「新騎士道は化肉より生まれたり。己が体を鎖帷子《くさりかたびら》で覆うごとく、己が魂を信仰の鎧で覆う者こそ、まことと、豪勇無双の騎士とここそ言うべけれ……」(『新騎士道礼讃』)

この聖ベルナールと『葉隠』の著者山本常朝は同一人物なりと、草舟は視る。

かかる肯定をこそ、新文明は待望してやまないのだ。

I　新しい神話

夢を見て、目覚めた。

未明二時半。病院は熟睡《うまい》に落ちている。

一人の男性が夢枕に立ち、私はその人と会話していた。

「あなたは、店主と一緒に撮った写真はないんですか」

と愚にもつかないことを聞くと、相手はそれには答えず、こう言ったのだった。

「世をはかなまないと、好いものは書けないよ」と。


目覚めて、奇妙な語法だなと考えている。

「はかなまない」とは「はかなむ」の否定形であろう。「はかなむ」は「はかない」から来ている。「世をはかなまない」とは、古風に言えば「世を無常と観じなければ」（当観無常）といった意味合いかと思う。おまえさん、まだ人生を見切っていないね。色気があるうちは駄目だよ、そういう意味ですか、松見さん——と、消えた影に向かって私は問いかけた。もう眠れず、まだ痛みの残る左脇腹を押さえながら、ベッドの上に坐ってしまった。

「松見守道」とは拙著『未知よりの薔薇』に登場する人物である。日本民族系石油の雄《ゆう》、出光佐三翁の懐 刀《ふところがたな》で、我が人生において深く契りをむすんだ快男児だった。臨終の床にまで私を侍らせ、「店主」こと出光翁との「主従の仲《しゅじゅう》」は絶対――旧時代の言葉で言えば「三世《さんぜ》」――であることを示したあと、臨死体験の妙境をも生ま生ましく語ってくれた。夢とはいえ、店主とのツーショットなどと埒《らち》もないことを口走る不悟の身をあの世であわれんでいることかもしれない。

壁にかけたカレンダーを睨《にら》む。令和四年八月二十二日、今日の日付に、入院三十七日目と記入してある。ほんの一瞬の不注意が甚大な結果をもたらすものだ。机に向かっているうちに眠りこけ、椅子から転げ落ちて、あばら骨を五本折るなど、呆《ぼ》けも甚だしい。しかし、なぜそんな目に遭ったかと反省すると、やはり心に隙《すき》があったことは疑いようがない。病中、祝福なき卒寿を迎えたことは報いだったのかも。

カレンダーから、卓上の黒表紙の分厚い本へと視線を移す。執行草舟著『現代の考察』八百ページ余の大冊だ。担架に載せられ、大騒動で自宅から運び出されながら、バイブルでも手にするように、しっかりと抱えてきた。

執行草舟とは、三島由紀夫歿後五十年の「憂国忌」で邂逅して以来、まだ二年と経っていない。それなのになぜかこれほどに惹きつけられるものを感じてきた。美姫《びき》が魔鏡に照らして同性と妍《けん》を競うように、士は、内なる鑑に照らして徳を比する。言説以上に、行為に打たれる。かつて私は三島自刃の報をパリで聞いたが、日本から来仏した松見守道から次のように聞かされて、打ちのめされた。出光翁はこう言ったというのだ。

「わしは文学というものは信じないが、彼のやったことは信ずる。誰にも出来ないことをやった」

こう言って、頼まれもしないのに告別式に出向いて弔辞を読んだというのである。

執行草舟からも、私は、そのような行動家を感じさせられる。私自身、何もやらないで来た人間ではない。むしろ、一個のインテリとしてはよく動いたほうであろう。しかし、それにしてからが、この人には敵《かな》わないなと思わせられるところがある。それは彼が言行一致の人だからにほかならない。

このような一致こそ、かつては文武両道と呼ばれたものだった。武士道とは、死に至るまでこの一点を貫く生きかたにほかならぬ。そして草舟とは、そのような生きかた以外に何の野望をも持たない人なのだ。

そうした人柄を実感する機会があった。あれからまだ四ヶ月しか経っていない。私は「三月十日」の下町大空襲の生存者で、かねがね、業火に巻かれて死んだ学童たちは単なる哀れな犠牲者だったのではない、誇りをもって苦難に耐え抜いた「戦う僕ら少国民」だったと信じてきた。そこで、三島・森田両烈士の遺影のもと、憂国忌壇上で隣り合った執行氏に、初会にもかかわらず、そう感慨を述べると、氏は驚くほどの共感を示した。のみならず、今年春、進んで発起人代表として、靖國神社の境内において第一回「戦う僕ら少国民」顕彰鎮魂祭を実現してくださったのだ。しかも、防空頭巾をかぶった少年少女を浮き彫りにした記念メダルまで製作配布するという力の入れようで。これはただびとならずと再度実感させられた次第だった。

ほかにもある。

かねて私は自分の秘宝とする或る品をパリに置いてきたことを心残りにしていた。それを取り戻したいと願って果たせずにきたが、執行氏は話を聞くや即座に望みを叶えてくれたのである。それは私が「マルロー那智滝図」と呼ぶ一対の大型写真で、パリの専門店で立派に額装し、帰国にあたって或る盟友にあずけたのだったが、回り回ってシャルル・ド・ゴール研究所に常陳されるに至った。しかし、今回、同研究所は、所蔵者である私の要望を快く聞き入れてくれて、ここから写真は執行氏を社長とする株式会社日本生物科学の一コーナーに飾られるに至ったのである……

と、ここまで回想したとき、何か閃くものがあった。

いま述べた経緯の裏には、おそらく深い暗号がある、と。「マルロー那智滝図」は、たまたま執行草舟コレクションの中に入ったのではなかろう、そこには隠れた或る由縁があるらしいと感じたのだ。

執行草舟の何かが、これら一対の神秘的景観を呼び寄せた。

　しかも、この何かは、夢が告げた「世をはかなまないと」の謎とどうやらかかわりがあるらしい。

「はかない」、「無常」という言葉から私は、マルローの次の言葉を思いださずにいられない。

「史上最強の文明はロム・プレケールを生むであろう」(La plus puissante civilisation aura enfanté l'homme précaire.)

　というものである。

　これは死後出版となった『ロム・プレケールと文学』という本の最終ページで言われている。この「ロム・プレケール」(l'homme précaire)という語に謎が仕掛けられているのだ。

「プレケール」とは、まさに「はかない」を意味する。従って、「ロム・プレケール」は、直訳すれば「はかない人間」となる。だが、それでは、右の文意は「史上最強の文明（すなわち現代文明）は、はかない人間を生むであろう」となって、どうもおかしい。マルローともあろう者がこんな詰まらぬことを遺偈《いげ》とするはずがない。通常はそのように読みすごしてしまうところ、その意義を読み解いたのは、たまたま我が年来の友とするクロード・タンヌリーだった。ガリマール社から出した大著『絶対的不可知論者マルロー』で彼はこう明察を下したのである。「プレケール」とは中世には「プレカリア」と呼ばれ、それは「祈り」をも意味した、と。

はかないことが転じて祈りとなる、これは日本の中世でも同じだったと私は考えた。つまり、「プレケール」とは、「無常」ではなかろうか、と。

ここから私は「ロム・プレケール」を思い切って「無常の人間」と訳すこととした。とすると、右のマルローの予言はこうなるのでは——「史上最強の文明は、究極的に、無常即祈る人間を生み出すであろう」(「生みだすであろう」は、未来完了形で“aura enfanté”と言われているので、「究極的に」とした)

ところで、タンヌリーの明察はこれだけではなかった。マルローは、最後の美術論、『非時間の世界』の中で「この世界は収斂である」(Ce monde *est* convergence)と言い切っている。「である」を現在形で、しかもイタリックで書いて。これをタンヌリーは、マルローが那智の滝で啓示を得たればこそであると見抜いたのである。

クロード・タンヌリーのこの洞察に私は深く感銘したので、前述の「マルロー那智滝図」の一対の写真を、最初、彼にあずけた次第であった。

もうすっかり有名となったこの写真について、いまなおコメントする必要があるだろうか。

一九七四年五月のあの事件から半世紀近く経ったいま、目撃者たる私が付け加える何事かありとすれば、「白昼の神秘」ということである。この言葉はマルローも言っていれば三島も言っている。二点中の一点で、マルロー、竹本、ソフィーと三人並んだ頭上はるか、古杉が相寄って形づくる穹窿《きゅうりゅう》の上から大光耀が輪形状に降りそそぎ、マルローの腹の上にフットボール状の光体を浮かべている。コレージュ・ド・フランスでの私の講義録『アンドレ・マルローと那智の滝』が出版され、サン・ジェルマン・デプレ大通りの出版書肆、ジュリヤール社で出版記念会が催された夕べのこと、この玲瓏《れいろう》たる写真をショーウィンドーに飾ったところ、「OVNI《オヴニ》」（UFO）ではないかと人だかりがした。評判はドイツにまで伝わって、世界的作家のエルンスト・ユンガーが驚愕していると伝えられてきた。これほど名声高い一点であるから――これを撮った朝日新聞社専属の写真家佐久間陽三への敬意を忘れまい――私としては、マルローの滝での悟入と「この世界は収斂である」との達観の間の秘密を読み解いたタンヌリーに敬意を表してこれを秘託したのは当然であった。彼はこれをボルドーの自宅に保管してくれていたが、日本の秋田県立国際教養大学で開催されたマルロー・シンポジウムに参加して帰国したあと、惜しくも急逝したために、私はペアの二点を旧友の作家ジェルマントマの家へと移管した。そこからそれはド・ゴール研究所で陳列されたあと、東京の執行草舟コレクションへと招来される成りゆきとなったのである。

閑話が長引いた。

その理由は明らかであろう。繰りかえせば、くだんの写真は偶然に「エスパス執行」（執行空間）に入ったのではないということである。

では、何によってかといえば、誰の意志によるのでもない、霊性的事象の自重《じじゅう》によってであるとしか言いようがない。

「伊勢とアインシュタインの相対性理論は収斂する」との観入からマルローは「この世界は収斂《しゅうれん》である」との肯定に至り、いっぽう、草舟は「人間が神と合一する場」として「収斂」は起こると説くのだ。「オメガ点」へ向かっての収斂というテイヤール・ド・シャルダンの言葉をも想起しながら（『脱人間論』講談社、二〇二〇年）。

「収斂」とは、二十世紀の不可知論文明から二十一世紀の霊性文明への文明更新の鍵を握る語彙である。物理学的用語としては収斂（convergence）は拡散（divergence）に対する。しかし、文化面においては、異文明間で相互的影響なしに起こる相似現象を意味するとしてよかろう。しかも異種領域でも起こる。伊勢とアインシュタイン、すなわち宗教と物理学の関係のように。こうした異種、異文化、異文明間の、相互影響なき類似現象は、オーソドックスな学問体系では容易に研究対象となりえない。シュペングラーに始まって二十世紀は「比較文化」の花ざかりとなったが、そこには唯物主義的偏向もあった。私は、筑波大学に赴任するや、しばしば学生が重箱の隅を突《つつ》くような「比較的」レポートを書くのを見て、比較文化学類での第一回講義の教室で、黒板にこう大書したものだった――

「出遭いは影響より深し」と。

異端的ともいえる私の挑戦はそこから始まった。だがそれは、新しい知の波でもあったのだ。フランスがスペインのコルドバで起こした「シアンス・エ・コンシアンス」(科学と意識)国際会議の続篇を筑波でと私は望み、その実現へ向けて「コルドバからツクバへ」の活劇へと乗り出していった。

その経験あればこそ、執行草舟のアバンチュールを理解しうるのである。何よりも、霊性という場においてこそ収斂は起こりうるということを。霊性という場を外して考えるゆえに、すべて相事象は偶然として片付けられてきた。

霊性とは、分断なく、一続きの世界である。収斂としてそこで起こることは、偶然ではなくして、共時的なのだ。さながら人類の普遍的魂なるものがあるかのように、そのことは起こる。

そのこととは、『美しい星』の三島由紀夫のひそみに倣って言えば、「時間の不可逆性の崩壊」にほかならない。

しかして、実存主義的断絶の世界観の対極として起こる収斂の最も信じがたいケースが、人間と宇宙の間の交感といえよう。

執行草舟思想の核心はそこにあり、と私は見る。

武士道復興は我が生涯を賭した命題であると草舟は言う。が、武士道そのものを道徳論ではなく、宇宙創成論《コスモゴニー》として捉えるところに非常な独自性を感ずる。

すなわち、端的に、武士道精神を宇宙的エネルギーとして感知している。比喩としてではない。草舟自身、壮絶な求道的生きかたを貫いてきたればこそであるが、何よりも、前例なき深玄なインスピレーションに貫かれているがゆえにである。「武士道と騎士道は、人類が築きあげた魂の文化の精華である」と説くとき、誰もこれには異存あるまい。が、続いてこう言い切るのを聞いてはどうか。

「(武士道と騎士道は)現代物理学によって証明されている暗黒流体《ダーク・フルーイド》だと思っている」(『超葉隠論』)。

そもそも執行草舟の著書はアカデミックな論文形式とは無遠である。講演・対話のように語られたものが少なからず、従って演繹《えんえき》的スタイルではなく、いわばアランの「語録《プロポ》」、また禅林の詩偈《しげ》のごとく自在無碍《むげ》である。一見、非論理でさえある。氏は坐談の妙手であり、語って倦まず、人を魅きつけてやまないが、著書においては独創的思想家の常としてほとんど説明をしない。普通の物書きならポーズの上からも疑問形、否定疑問形で書くところ、断定的と聞こえるほどしばしば強く言い切っている。とりわけアカデミックな三段論法に馴染んだ読者は面食らうであろうし、私自身が当初はそうだった。しかし、何冊か巻をひもとくうちに、これはそうではないのだと思うようになった。そう思わせたのは、驚嘆すべき博識と、氏の語る口調《トーン》である。一個のインテリの口調ではない。何というか、謂わば垂示者（prédicateur）のごとく語るのだ。

それというのも、武士道とは宇宙エネルギーなりと言い切るときの草舟の語調には、ためらいがない。福音書にいう「権威ある人のごとく」語る。それほど、草舟のヴィジョンには「見た」人の真実感が溢れている。

宇宙的、包括的ヴィジョンである。しかも道元禅師のいう「世界裏」的に、または世阿弥が天台密教を引いて言うところの「新羅《しんら》、日頭《じっとう》、夜半《やはん》明らか」的に、ミスティックである。

宇宙が生成されたときの、その爆発エネルギーの余力を、我々の生きる人生の中に投影するのだ。その爆発エネルギーは、遍満する暗黒流体という負のエネルギーの中に閉じこめられている。

その力を、葉隠の武士道は人生に引き入れようとしているのだ。

――執行草舟『超葉隠論』実業之日本社、二〇二一年

私は、これほどの力強い宇宙的武士道論を聞いたことがない。私共「筑波派《ツクビスト》」の国際会議「科学・技術と精神世界」に出てもらいたかったと思う。

ここで草舟は、キーワードである「暗黒流体《ダーク・フルーイド》」の概念を英国物理学者ジェイミー・ファーンズから得た模様である。そしてその意味する「ダーク・エネルギー」をわれわれの日常的「正のエネルギー」に対せしめている。いっぽう、

「死ぬことと見つけたり」の葉隠武士道を、これまた暗黒流体、負のエネルギーと見立てるところに、彼の死生観の最も深い直観がはたらいている。

その根底には次のような確固たる終末論的ヴィジョンが見てとれる。

「現行の人類が必ず滅びることは分かっている。これだけは絶対に言い切ることができる」（『脱人間論』）。

しかし、草舟の終末論は悲観論にはならないのだ。

「我々は、いま、その終末にいるからこそ、絶点を目ざすのだ」と機首を上げる。

絶点とは何か。

腐りはてた現行の文明を捨て、人間を取り戻すべき原点である。そのためには、人間を生みだした宇宙的ふるさとへと還らなければならない。これを可能ならしめる道は、武士道精神と宇宙創成エネルギーと、共に虚なることを逆手に取ってそれを生きることだ……

私なりに解釈すれば、ほぼこのようであろうか。

「脱人間」という新語にはぎょっとさせられるが、これを表題とする近著で草舟が歯に衣着せずに告発するものこそは、現代のセントラル・ドグマである「ヒューマニズム」の虚構性にほかならない。「もしかすると、現代をおおうヒューマニズムがファシズムそのものではないだろうか」――柔《やわ》な精神が震えあがるようなことをずばり言ってのけるが、この指摘は的を射ている。民主主義的原理主義なるものは確かにあり、自由の名のもとに西洋が行き着いた現代文明の瀆聖《とくせい》的性質に如実に顕れているからだ。イスラム原理主義は非人道的で許しがたいが、我らの間でも、無闇に相手の神聖を逆撫でする必要もないことである。『悪魔の詩《うた》』事件、パリのシャルリー・エブド乱射事件などで私の感じたことであった。

目下、ロシアのウクライナ侵攻から六ヶ月が経ち、「民主主義」対「専制主義」の縮図がいよいよ明らかとなって自由世界の結束が強化されつつあるときにこんなことを言うと、とんでもない時代錯誤と言われそうだが、私は霊性文明的見地から語っている。文明は歴史より巨きい。神話が加わるからである。言いかえれば、宇宙が。端的に言って、借着《かりぎ》の民主主義を守るために日本の若者は死ねるだろうか。

あるとき、「西欧的普遍性なんてないよ……」とマルローに大喝されたことを思いだす。不用意に私が会話の中でこの語を口に出したときだった。

脱亜入欧の明治以後の歩みをつうじて、いつのまにかわれわれはそのような世界観を当たり前と思うようになった。自由・民権の名に後発国は弱い。宗教改革、ルネッサンス、フランス革命の三段跳びでヨーロッパが達成した文明は、この上なく輝かしい進歩の星だった。実際には、ヨーロッパは「自殺」への坂を下りつつあったのだが。中世以来、近代化の名において「合理」の道をひた走ることによって。聖ベルナールによって十二世紀文明の頂点に立った騎士道は、わずか百七十一年の短命で消滅し、オルレアンの少女によって一瞬復活の夢を見たが、たちまち火刑台上で二度目の炎上の運命をたどった。

かたわら、日本の武士道は、騎士道の四倍以上の持続を保ち、その理由は世界史の謎だと言われた。

「自分は武士道が好きだったので、脱人間を自動的に行うことが出来た」と執行草舟が誇らかに宣言する資格は大ありだったのである――日本文明の名において。

武士道の復興は、宇宙から――。

＊

このような思想が、政治的であるはずがない。つまり、歴史に対してというよりも、文明に対して、それも生まれつつある霊性文明の先取りとして意味を持つものと私は解する。

その一つの証――大いなる――は、ウクライナ戦争をとおして目下、全地球を揺るがせつつある旧ビザンチン帝国の運命に顕れている。

東西キリスト教の分裂と東西ローマ帝国の分裂によって西ヨーロッパから切り離され、ギリシア正教の名のもとに独自の霊性文化を形成してきたこの広大な文明圏、東方教会の宰領する世界が、ヴァチカンを中心とする西方教会の文明圏、すなわち西ヨーロッパの精神世界と弁別されるところの本質とは何か？

後者には「宇宙」がないことである。

キリストの、またマリアのイコンには星々が描かれているが、西方教会の聖画像には描かれていない。

執行草舟は武士道の復興を宇宙的ふるさとへの帰還に求めたが、それは、「宇宙的聖餐《せいさん》に参ずる」東方教会の秘義に通じているのだ。

鋭い嗅覚《きゅうかく》をもって草舟は、神殿騎士団の典範起草者、聖ベルナールに焦点を定め、これを『葉隠』の著者、山本常朝と同一視した。聖ベルナールにとって騎士道は道徳律以前に宇宙的起源のものだったからだ。白衣に赤十字のマントをひるがえし、神殿騎士《タンプリエー》たちは東方教会風に典礼を行っていた。十字架上のイエスから母マリアを託されたヨハネを守護聖人とし、マリアを至高女神として崇めたが、祈りの言葉には「マリア並びにイシス」として古代エジプトの女神イシスの名が並んで唱えられていた。聖地奪回のため、聖ベルナールは、ヴェズレーの山麓を埋めつくす大群衆に呼びかけ、感動は津波のごとく広がって第二回十字軍を起こしたが、その中心勢力となった神殿騎士らの往路は、バビロン、エジプト、ギリシアなど古代大文明の栄えたオリエント世界であり、戦う敵はイスラムであり、逆に戦士らはこれら広汎なる異教徒たちの霊性文化の影響を受け、それをヨーロッパに持ち帰って、合理一辺倒への傾斜を喰い止め、バランスを取ることに寄与したのであった。

　しかし、ここに歴史のイロニーが生ずる。一〇五四年に東西キリスト教会の分裂──「シズマ」──が起こり、それは十字軍遠征の前のことだった。「神の代理人」はローマ法王とコンスタンチノポリス総大主教の間に分かれ、聖ベルナールが『新騎士道礼讃』で称揚した、「鎖帷子《くさりかたびら》のかわりに信仰の鎧《よろい》をもて己が体を覆う者こそ、まことの勇士と言うべけれ」との理念は、以後、西ヨーロッパではなく、東ヨーロッパへと伝播していった。黙示録の「赤色ドラゴンと戦う聖ゲオルギウス」の元型的イマージュとともに。

　危機を察知した聖王ルイが、死の床で、嫡男《ちゃくなん》に向かって、「なんじが貧しき人々に残酷であるようならば、王位は、いっそ、スコットランド人にでも譲《ゆず》るに如《し》かず」と戒めたにもかかわらず、孫のフィリップ四世は神殿騎士団の巨富を簒奪《さんだつ》せんがために団員二万人を殲滅《せんめつ》するに至った……。

　またもや、つい長講釈となったが、星々とともにある聖なる騎士像がヨーロッパの西から東漸《とうぜん》するに至った経緯を瞥見《べっけん》せんがためである。

そもそもの遠因は東西教会の分裂にあり、その詳細は史書の説くとおりだが、内面的に何が起こったかは不明とされてきた。マルローさえもそう述懐したことを私は覚えている。しかし、湯浅泰雄は、名著『哲学の誕生』で明言している。東方教会は、沙漠の教父たちの瞑想習慣にもとづいたヴィジョン優先の立場であった、と。

いかにも、沙漠は何もない――星々のほかは。

イエスもそこで悟ったのではなかったか。

イエスの誕生にさいして、東方の三賢王は、その一つの特大の輝きを追って沙漠を横切り、ベツレヘムへと赴いたのではなかったか。

イエスその人は、悪に対して黙してはいなかった。

「火と剣を投げこむために私は来た」との福音書の言葉に執行草舟が共感を示すとき、期せずして彼は黙示録的ヴィジョンを継承し、ギリシア正教の世界との接点に立ったと見ることができる。

ところで、このギリシア正教の世界は、七十三年間、ソ連圏となったため、歴史から消えてきた。ソ連は崩壊したが、プーチンのロシアはスターリンの野望を受け継いだ。これに対してウクライナは、ローマ帝国皇帝の血統（ゼレンスキー大統領はフランスのマクロン大統領との会見でこのことを確認しあっている）と東方キリスト教の戦闘的性格を継承し、これをもって現に、スラヴ民族と死闘を演じつつあると見ることができよう——霊性的視点から見るならば。

西方キリスト教（カトリック）が現実世界を虚構とするのにひきかえ、東方キリスト教（ギリシア正教）はそれを「フィロカリー」（愛美）の名において肯定する。ギリシア正教の情熱的ミスティックとして著名なオリヴィエ・クレマン師が、例の筑波大学の国際会議で、フィロカリーは俳句に見るごとき日本人の自然愛好に通じると言ったことが思いだされる。

＊

西洋の諺《ことわざ》に、「平手打ちはそれを受けた者の形を取る」というのがある。「なんじ、右の頬を打たれなば、左の頬をも出《いだ》せ」とのイエスの言葉になぞらえて言われる。

パッシヴがそのままアクティヴとなることで、世界は一変する。カタコンベで迫害に耐える原始キリスト教徒が進んで死を受容したことからローマ帝国は崩壊し、二千年間続くキリスト教時代を招来した。

日本では、日本武尊《やまとたけるのみこと》と弟橘姫《おとたちばなひめ》の伝説を先蹤《せんしょう》とし、聖徳太子が「捨身飼虎《しゃしんしこ》」を義士の命《めい》としたことをもって、おそらく、武士道精神の起源としうるであろう。さらに官位制定の礎《いしずえ》として、中国伝来の「仁義礼智信」の序列をひっくり返して、最下位にあった「信《まこと》」を新たな五常の最高位としたことによって。

この日本人の「まこと」はただの真実の意ではない、「スピリチュアル・パワー」であると見事な読解を示したのは、『高貴なる敗北』の著者アイヴァン・モリスだった。

飛鳥時代の夜をこめて燃えさかる斑鳩《いかるが》の宮で、聖徳太子の長子山背大兄王が、「忍んで恨まず」と言い遺して一族郎党とともに火中に果てたことをもって、受動的アクティヴの日本的霊性の姿はさらに決定的となった。西紀六四三年のこの出来事が日本人の精神史にいかに重要であったかは、神武紀元がこの年から起算して確定された一事をもってしても明らかなとおり。

大和魂の元型はかくして定まった。これ無くんば、特攻は、大西瀧治郎中将の念頭に生まれなかったであろう。

三島由紀夫が「日本的メンタリティには勝利という概念は原理的に欠如しているのではなかろうか」と恐ろしい疑問を投げたのも、尤《むべ》なるかなであった。

ともあれ、「まこと」のますらおぶり、「しのぶ」のたおやめぶりの原型がここに定まった。死と愛は一つのものとする武士道の原型が。

「忍ぶ恋」を至極《しごく》とする葉隠思想を信奉する草舟思想を、私は理解する。彼の武士道論は、そのままに、日本人の書いた最も美しい恋愛論であるとさえ言いうるであろう。特に『超葉隠論』の第三章である。そこで「深い孤独だけが、真の愛を培うことができる」として、柳原白蓮夫妻から得た教えを思い、三浦義一の『悲天』を想起し、十字架の聖ヨハネ、日本武尊と弟橘姫の「純愛」即「忍ぶ恋」に触れ、アラゴンの愛の詩を引くあたりが、実に好い。そして最後に二十七歳で亡くなった妻充子《あつこ》さんのことにひとことさらりと触れ、以後その面影に愛を貫きとおしたとの告白を読むにおよんで、私は涙なきを得なかった。

このような武人が一人でも今の日本にあり、乱世を前に立っているのだ。そして現文明必滅と見て、逃げるのではなしに、その人柱となる決意を表明している。過去の大文明の崩壊に現文明のそれの幻影を重ね合わせながら。しかし、恐怖ではなく、喜びをもって。なぜなら、ローマ崩壊の偉大な目撃者であった聖アウグスティヌスを偲んで、草舟はこう言うのだから――

「我々はアウグスティヌスと同じ時代を生きている。歴史上何度もない幸運の時代を生きているのかもしれない。我々は、新しい神話を書こうとしているのだ」

と。

II　天使との闘い

人生は夢から始まる。

そして人は夢と呼ぶことで、いつも多かれ少なかれ思い違いをしている。

物ごころついたときから、祐輔少年は、毎週一回、「かぐや姫」の夢を見ていた。貴《あえか》なる女性が月に向かって舞い翔けていく。少年はそのあとをどこまでも追いかけるが、追いつけない。

そんな夢を何年間も見続けたあと、十四歳のある日、ふっつりとそれは途絶えた……

「そのあと、十五歳の頃からですよ、文学作品の中の悲哀というものが、手に取るように僕によく分かるようになったのは……」

きっぱりとそう言い切る口調に、だいぶ馴染みになったと思いながら私は、目の前の人の微笑する口唇《くちびる》を見つめなおした。

退院後、初めて訪れる執行草舟のシャトーに私は居る。粘菌学系の会社と、美術館と、この部屋がそうであるところの壮麗な書斎とが一個の直方体に収まった、ここは一代にして築いた男の夢の複合体《コンプレックス》である。

「エスパス執行」と、ひそかに私はこのちょっとした異空間を呼んできた。シャンゼリゼーのファッション・ショー会場、「エスパス・カルダン」を思いだしながら。夢から自分の王国を截《き》り取ってくるタイプの男がいるものである。執行草舟をその一人と見る。

　ここの空間《エスパス》の主は、当年取って七十二歳……と改めていうのも気がひけるほど、自己の全時間を所有して、この人は生きている。しかも、自身のみならず、波瀾万丈のその生の軌跡を、いまや、多くのファンが共有しているのだ。フィクションに入るように人は草舟の人生に入る。疑いようもなく彼は、今の世に稀な、その生きかたそのものが破天荒な魅力に富んだ、世人の想像力を掻き立ててやまないアヴァンチュリエー（冒険児）なのである。

　たぶんに奇想天外な、時にはピカレスク風の外貌をさえ持った──。

　一個の純粋精神、しかし、これほどまでにフィジカルに、とほうもない試練を受けてきた人も珍しい。ほとんど神話的にさえ見える「荒ぶる神」がこの人の内部で絶えず暴れまわってきたかのようだ。普通の人間ならその一つに遭遇しただけでも死んでしまいそうな大病、大事故、大難に次々に幼時から見舞われ、あわやというところで命びろいする。そして死線の果て、夜の果てに、ついに真紅の太陽が昇り、「核融合的」に現身《うつそみ》はそこに溶けこんでいった……

二十八歳で体験した「城ヶ島自決未遂事件」は、驚異の連続だった草舟の人生でも最も信じがたい超自然現象の頂点を画している。

この出来事が起こったのは、三島由紀夫が自決した事件から八年後のことである。しかし、『奔馬』の主人公、飯沼勲に託して三島が描写した切腹の光景は、草舟が実際に体験するであろう光景のまるで先取りであるかのようだ。『豊饒の海』第二巻のこの小説は、『春の雪』についで三島のジェニーを戦慄的に刻印した名作として名高い。わけてもフィナーレの結びの一行、「正に刀を腹へ突き立てた瞬間、日輪は瞼の裏に赫奕《かくやく》と昇った」は、一読、肌に粟を生ぜしめる。が、草舟自身、この「太陽との合一」――と呼んでいる――を現実に体験するに至るのである。この暗合をどう受けとるべきか。

自伝の傑作、『おゝポポイ！』（PHP研究所、二〇一七年）で提示された問題はまことに奥が深いものがある。

いままた、直接に当人から物語られるのを聞いて私は奇異の念に打たれるとともに、暗合の理由について、自分なりの見かたから一つの推断を下しうるように思った。それは、一個のヴィジョネールとして三島由紀夫はその死から八年後の執行祐輔の体験を幻視していたのではなかろうかということである。

これがおそらく突飛な憶測でない証拠に、十六歳の祐輔と八ヶ岳山荘で四日にわたって語り明かしたときに三島は衝撃を受けた。その年齢で既に三島の全作品を読破し、驚くほどの知識を身につけた神童の出現に彼は蠱惑され、別の一少年を想起さえした。山口二矢《おとや》である。六年前、国民的人気のあった社会党委員長、浅沼稲次郎を衆人環視の壇上で刺殺し、厳戒中の東京少年鑑別所で自死した若き国士の行為に三島は讃辞を吝《お》しまなかった。祐輔も、二矢も、共に十六歳だった。

おまけに、二人ながらに顔かたちが瓜《うり》二つだったという証言も残されている。『奔馬』の飯沼勲は執行祐輔がモデルだったという説も従ってあながち否定しがたい。三島自身は、たぶんに誰をも傷つけまいとの配慮からか、飯沼勲にモデルはないと煙幕を張った模様であるが。

いずれにせよ、モデル探しは文学論としては興味深かろうと、自分には関心がない。ヴィジョン先行論者として私の考えは別のところにあるからだ。何かといえば、前記のごとく、一個のヴィジョネールとして作家三島由紀夫は後年起こるであろうことを見ていたのではないかということである。

書く行為が幻視することとなる例は珍しくない。詩人はその最たる存在だが、ロマンを書くことも「入神《にゅうしん》の業《わざ》」ともなれば作者は無意識裡に未来を予見することがある。この場合、引き金を引くものは、エモーションである。死を覚悟して会いに来た少年に、『金閣寺』と『美しい星』の著者の心はエモーショナルに働いて、時間を遠矢で射抜いたのかもしれない。

東海の日の出に向かって短刀を、いままさに腹に突き立てんとする人影を透視し、自己の創造の分身へと投影したのではなかろうか。

事ほど左様に、城ヶ島の事件はミステリアスである。もっと知りたい。同様に、八ケ岳での三島との対話の全容も復元したい。「エスパス執行」を再訪して聞き書きを続けねばなるまい。

かくも惑乱と憧憬に満ちた一個の初《うぶ》な魂がいかなる未知の地平線に向かって打ち開かれていたのか、大いに好奇心に駆られている。かぐや姫の夢に始まったこの人の運命に共感するがゆえに、である。

＊

夢と呼ぶことで人はいつも思い違いをしている、と冒頭に書いた。私自身は、夢、秘伝と心得ている。そもそも夢はヴィジョンにほかならず、チベット密教が教えるごとく、眠る眠らないは関係ない。それをどう取るかについては、マルローがヒンズー教の「マヤ」（幻花）について書いた次の言葉が参考になろう。

マヤ――残る問題は、これを「幻想」と取るか、「シーニュ」と取るかである。

――アンドレ・マルロー『世界彫刻の空想美術館』

「シーニュ」とは、記号、徽《しるし》を意味する。マルローはこの世を「冥界《リンブス》」と見、三島は「迷界」と見た。そのかぎりで、現世をヴィシュヌ神の夢に咲き出たマヤにすぎないとするヒンズー教、ひいては仏教の世界観を共有していたといえよう。

ヴィシュヌ神が目覚めれば幻花はしぼみ、世界は消えて無くなる。とすると、現世をマヤと観ずることは、それをただの幻想と見るか、それとも幻想から醒めるきっかけ——記号、しるしと受けとるかで、意味は二分する。「迷界なればこそ、悟ることができる」と三島が『豊饒の海』で書いたとき、期せずして彼はマヤをシーニュとして読みとったといえよう。

青春とは、シーニュを求めての彷徨である。祐輔少年がダンテの『神曲』地獄篇のごとく「暗闇の森に迷いて」彷徨することから生きはじめたのは珍しいことではない。珍しいのは、甚だしいその荒御霊《あらみたま》ぶりである。経歴を見れば、苛烈な求道的生きかたを運命づけられていたことは明らかだ。魂はつねに渇望していた。常人の何倍も強く。「裸形の精神」と、ボードレールの《le cœur à nu》と同じことを早熟にも表明している。しかし、執行祐輔の場合、精神は、肉体の受苦と不可分だったのだ。

三つ子の魂——。

早くもそこに火熨斗《ひのし》が充《あ》てられていたとしたら?

一九五〇年（昭和二十五年）六月二十六日、九州佐賀の鍋島藩の家老職、執行家の末裔として、祐輔は生を享《う》けた。祖父弘道は明治天皇の美術顧問、パリ万博の日本代表をつとめ、父一平《いっぺい》は三井物産の重役で、戦後来日した占領軍最高司令官マッカーサーをして「私が出会った中で最も英語のうまい日本人」と舌を巻かせたほどの人物だった。

しかし、遡《さかのぼ》れば、ある合戦で先祖の武士団が全滅し、かろうじてお家断絶をまぬがれたという葉隠武士そのものの意気地の血筋だった。母千鶴子《ちづこ》も日清汽船の経営者、早野小三樹《こみき》を父とし、幼少期を上海租界で過ごしたエリートの家系で、またその父が一流の剣術家だったところから大変な女丈夫で、幼児祐輔が死地をまぬがれたのは、ひとえにこの並外れた肝っ玉母さんのおかげにほかならなかった。

押し入れを開ければ札束が転がり落ちてくるほどの金満家庭で「馬鹿坊ちゃん」と呼ばれる贅沢三昧の少年期を過ごし、常人なら絹布にくるまって安穏な人生の振り出しを送るところ、これが彼の身上《しんじょう》であろうか、進んで危難を求めるかのごとき冒険的生きかたは、つとに幼童の頃に始まった。食器棚の上に置かれた栗きんとんの熱鍋に手を伸ばしてひっくり返し、骨の髄まで達する大やけどを負ったのが、三歳の時。茅ヶ崎の海水浴場から江ノ島まで十キロ以上を流されて家族を絶望視させたのが、四歳の時だった。七歳で「膿胸の石化現象」という奇病にかかり、放射線治療で広島原爆の数十倍もの放射線を浴びたうえ、十二歳の時、サーカスめいた無謀な飛び移りでコンクリートの道路に激突し、頭蓋骨骨折で口から脳漿が飛びでる仮死状態となった。

「私は三十過ぎるまで何度も病気や大けがに見舞われた。毎年のように、何かの前触れのようにそれが起こった」とは、後年、本人自身の回顧である。

伝記作者ならばその一つだけでも長々と筆を滑らすであろう大事《おおごと》が立て続けに起こる奇態さに、驚かされずにはいない。しかも、その間に、めっぽう喧嘩好きで、一年遅れで入学した立教小学校始まって以来の悪童と云われ、親の呼び出し回数百五十回の新記録を樹立した。さらに中学生時代は弊衣破帽《へいいはぼう》、西池袋一帯の番長で鳴らし、銭形平次の投げ銭ならぬドイツ戦艦ビスマルクの砲塔用ベアリングの真球投げの秘業で相手の眉間に必中、昏倒させるという喧嘩殺法を編み出して、当然、警察の留置場に何度もご厄介になったというのだから穏やかでない。

こうしたアウトローすれすれの武勇伝は、どこを読んでも面白く、これらは『おゝポポイ！』――インタビューの傑作である――をはじめ執行伝の随所で語られるところで、いまさらここに引くまでもない。二十五歳で、世界最大のマグロ船団の船主、泣く子も黙る「悪漢政」こと奥津政五郎と木刀で殴り合った一節など、その極めつきであろう。

そうした活劇調のところだけを拾いだしても「無法松の一生」風のストーリーが出来上がったことであろうが、しかし、執行祐輔の一生はそうはならなかった。彼のストラッグルの真の相手は陋巷《ろうこう》の徒輩にあらず、「運命」そのものだったからである。

かりに草舟レクシック（用語集）を編んで、ただ一語を選ぶとすれば、これであろう。ベートーヴェンの交響曲第五番「運命」を聞くときは、木刀を脇に置き、必ず正座するという姿勢に真骨頂が表れている。その姿を五味康祐《ごみこうすけ》は「ニッポン原人」と呼んだと伝え聞く。

「私は、運命としか言いようのない出来事に遭遇し、それを奇蹟に近いことで乗り越えてきた」とインタビュアー樋渡優子に語り、続いてこう真情を吐露するのだ。「自分の運命というものに興味を持ち、むしろそれを愛して生きる心境に至った。《運命への愛》（アモール・ファーティ）の一語をローマ皇帝マルクス・アウレリウスより学んだ」と。

三歳児の時から、骨の髄まで達する火傷、裂傷、悲傷に心身共に繰りかえし引き裂かれて、最後は巌礁の自決にまで自らを追いこんだこの人の生きかたを見ると、たしかに「運命」としか呼びようのない巨大な何物かを相手に格闘を続けたかのように思われる。だが、この格闘の意義は何段階かに変化していった。レンブラントの描く「天使との闘い」さながらに。

ベルリンのカイザー・フリードリヒ美術館に所蔵されたこの名画で、こちら側に神々しい顔を向けた人物と、顎《あご》ひげの横顔を見せる男が取っ組み合っている。もし白衣の人物の顔の位置が、対する男の顔よりずっと高くなかったとしたら、二人は抱擁し合っているとさえ見えるであろう。さらに、もし、白衣の人物に翼がなかったとしたならば――。

だが、この翼は、おぼろに褐色に描かれ、背景の一面の褐色に半ば溶け入っている。この不思議な人は誰かと問う男の心理状態を暗示するかのように。有翼の人物は、実は天使なのだ。

アブラハムの子イサク、その子ヤコブが、一夜、川の手前で、天使と出遭って格闘した。天使は夜明けまで揉《も》み合うもヤコブを打ち負かすことができず、ヤコブの尻のくぼみに手を触れると、骨は外れて、ヤコブは力が萎《な》えた。レンブラントの絵は、いままさに謎の人物が左手でヤコブのその箇所に触れた一瞬を描いている。(半ば目を閉じかけ、昏睡に陥らんとする顔の表情に巨匠の冴えを見る。)

そのあとに交わされた言葉が歴史的に有名だ。天使から名を尋ねられてヤコブが答えると、「今後は、イスラエルと名乗るように」と云われたのだ。「エローヒムと戦いて敗れざる者」の意味である、と。「エローヒム」とは、原日本人が「カミ」と言ったように古ヘブライの民にとっての漠然たる神の概念であって、神名そのものではない。そこでヤコブが名を聞くが、相手はそれには答えず、その場で「神に敗れざる者イスラエル」を祝福したのだった……

右は旧約聖書「創世記」第三十二章に語られる神話だが、私の興味はそれを解釈したレンブラントの絵のほうにある。執行草舟にとっての運命とは何かと考えると、なぜかしら、自ずとその光景が目に浮かんだ。「荒ぶる神」めいた彼の無軌道な、尋常ならざる半生は、つとに三島由紀夫から「スサノヲの現成《げんじょう》」と示唆され、彼自身もそのように自覚していた気味があるが、なぜ「天使との闘い」なのであろう。

美しくも激甚にこの絵に表現された超越者と人間の関係に、ある暗示を感ずるからである。

暗中に出遭った何物かと真向かった対抗心が、次は不思議の念へ、最後は畏怖へと転じていく……。執行草舟の人生も、高速度撮影で縮小して見たならば同様の内的景観を呈するのではなかろうか。幼少期から彼はつねに何物かと格闘していた。おおむね勝ち抜いてきたが、闇に沈んだ相手は実際は彼よりはるかに強大で、霊力をそなえていたのだ。「運命」としか呼びようがない。その手に触れられただけで関節が外れてしまうような。ついに、夜明けとともに打ちのめされる。そのまま死んでもよかったであろう。いや、実際、「ヤコブ」は死に、「イスラエル」に復活したのだ。「太陽との合一」で「祐輔」が死に、「草舟」が生まれるであろうように。

＊

「城ヶ島事件」は、直接的動機としては結婚直前の破鏡の嘆によるものと伝えられるが、霊性的観点から見るならば、もっと深奥の動因があったかに推察される。それは、この選ばれし人――そうではなかろうか――の内部を舞台に火花が散るように演じられてきた何らかの内的葛藤《ドラマ》が、パロクシスム（激発）に達したがゆえに、と見たい。

この内的葛藤とは、超自我と世俗界の間の軋轢《あつれき》以外には考えられない。内なる超自我を、童子祐輔は七歳にして知った。奇病「膿胸の石化現象」治療で広島型原爆の数十倍という放射線と抗生物質原液を山ほど浴びたあとに初めて『葉隠』を読んだ瞬間から、である。以後、同書は、生涯にわたって彼のバイブルとなっただけではない。眠れる祖霊復活の場ともなった。はっきりと名を持つ一人の武士が、以後、彼の中で目覚めたのだ。

「ご先祖の中で、どなたが一番あなたにとって大事ですか」との私の問いに、執行草舟は即座に「執行種兼《しぎょうたねかね》」と答えた。

そう言って手渡してくれた「島原残照」という一文に、いま、私は見入っている。

それによれば「島原の戦《いくさ》」（島原の乱とは異なる）は、天正十二年（一五八四年）三月二十四日に、九州最大の勢力、竜造寺家と、島津家という大名同士の間で起こった。執行家は竜造寺家側に立って戦い、一族三十六名がことごとく討ち死にした。その跡地を草舟は二十五歳で訪ね、一族の旗頭《はたがしら》であった執行越前守種兼《しぎょうえちぜんのかみたねかね》の壮絶な最期を知って、哀切おさえがたく、手向けの長歌をこう詠んだ。

古へゆ《いにし》　わが一族《いちぞく》の　つはものは　武士の掟《おきて》に
報ゆべく　映《は》えて聞こゆる　もののふの　越前守《ゑちぜんのかみ》ぞ
統《す》べ給《たま》ふ　御旗護《みはたまも》りて　進み行き　今《いま》に傳《つた》はる

吶喊《とっかん》を　敵陣深く　突き穿《うが》ち　その名を惜《を》しみ
戦ひて　夜叉《やしゃ》の如くに　死に狂ひ
もんどり打ちて　斃《たふ》れたる　そのもののふの
血のゆゑに　この島原に　我れ立てば
むかし吹きけむ　風起《かぜた》ちて　つはものどもが
血の戦跡《あと》を　舐めて寄せ来る　一陣の
風に浸み入る　雄叫《をたけ》びよ　腸《わた》にも達《とど》け　腥《なまぐさ》き
風も悲しめ　滅びたる　涙に抱かれ　我れも崩れつ

反歌

わが祖《おや》の　萌黄縅《もえぎおどし》を　貫通《つらぬ》ける
　槍の穂先《ほさき》は　心《しん》に達《とど》けり

武士ゆゑに　豊後行平《ぶんごゆきひら》　閃《せん》すれど

親を背負へば　槍ぞ刺《う》けたる
島原に　この一族は　死に果てて
夢こそ残せ　我れも負ひつつ
風を呼ぶ　雄叫《おたけ》び去りて　つはものへ
手向けの歌を　捧げ奉《まつ》らむ

絶唱の真情がそくそくと伝わってくる。

「島原残照」の前詞に草舟は、「『葉隠』に謳われた島原の戦は我が誇りの源流である」と記している。

古来、求道者にとって、史蹟訪問は、単なる遊山にあらず、その地ゆかりの死者との交流であった。世阿弥の能、『敦盛』や『松風』などは、彼岸と此岸の往還で成り立っている。それらはただの幻想であろうか。ゴルゴタの丘の磔刑《たっけい》のあと、イエスの弟子たちが見た主《しゅ》の復活を幻想というなら、全キリスト教は覆《くつがえ》ってしまうであろう。島原で、壮烈な忠節に殉じた一族の旗頭、執行種兼に挽歌をささげることによって、草舟は、種兼のエピファニー（顕現）を視《み》た——のみならず、その魂を継いだのだ。

城ヶ島で自ら切腹の挙に及ぶのは、そのわずか三年後のことである。何物か見えざる手によって、しかし、それは押し留められ、ひそかに家から持ち出した伝家の宝刀「信国」は、使用されずに終わった。ところが、ここに、怪異が生じた。

竜造寺家の直系の子孫で二万石の多久家のお姫さまだった曽祖母が、執行家にお輿入れのさいに持参した護身刀だけあって、それは凄い名刀だった。しかるに、後に激しい錆《さび》が出たので、研師《とぎし》に出したところ、これはただの錆ではない、血糊《ちのり》ですと言われた。しかも、特別に深い錆で、信じられないほど深くまで入りこんでいるというのであった。

「切腹は、しなかったはずなのに、べったりと血糊が附着していたことはおかしい」と草舟は念を押した。「ここまで云うとオカルトになるので云いたくないのですが」と笑いながら。

「そんなことはありませんよ」と私は応じた。そして「実は……」と自分の例を挙げた。「私も変に受けとられるのが嫌で、いままで外に洩らしたことはないのですが」と前置きして。

「三島さんから、自決直前に、パリの私のもとまで『豊饒の海』が送られてきたことはご存じでしょう。私はその第三巻『暁の寺』が一番の愛読書だったのですが、日が経つうちに、扉に書かれた献辞の脇に血の指の染みのようなものが現れてきたのです……」

草舟は黙って聞いている。

「あなたのご体験に比べれば、こんなことは微々たるものですが」と言い訳したあとで私はこう付けたした。「いずれにせよ、オカルトを気にする必要はありませんよ。要は超自然を認めるか否かです。城ヶ島の出来事は、奇蹟と呼ぶほかはない超自然現象と申してはばかりありません……」

名刀「信国」を彼は深々《ふかぶか》と腹中に突き刺したも同然だったのではあるまいか。そこには、智では測りがたい理由が秘められているとしか言いようがない。原義における「隠秘《オカルト》」の意味に取ればいいので、少しもこの語を使うのをためらう必要はない。

では、その隠れた理由とは何かということになると、この事件を見ただけでは分からない。二年後に起こった目黒不動尊での怪奇現象も見なければならない。そこでこそ、ある本体が露《あら》わとなるからである。

＊

偶然に、ではない。

生来の負けじ魂と知的好奇心によって、それまでにも祐輔青年は並外れた苦難と探求を繰りかえしてきていた。新たな災難に出喰わすたびに東西の典籍を渉猟《しょうりょう》しては原因追求に血まなこだった。同時に次々と菩薩のごとき周囲の善知識と巡り会っては、指南を受けた。スフィンクスの謎に挑んだギリシア悲劇の放浪のオイディプス王さながらに。謎を解かれて巌頭の人面獅身の怪物が恥じて死ぬか、解けずにこの身が取って食われるか、一か八かで。

城ヶ島事件は、その頂点だった。

青年は、いったん、そこで死んでいる。

失神し、記憶喪失にさえ陥って。

いったい、あの経験は何だったのかと考え、リルケの『ドゥイノの悲歌』をひもといて「非日常の空間こそ純粋の空間」に共感し、「宇宙の果てにある生命の根源」に自分は突入したのかと考える。

しかし、顧みれば、これは、七歳児の時から枕頭の書とした『葉隠』の思想、死して生きる武士道のパラドックスと通うのではないか。妙諦は、「絶対負」にあり——。


ほとんど命と引替えに得たこの真理の研磨に、以後、草舟は全精力を傾注する。ゲーテの「形態学」からベルクソンの「創造的進化」を経て、道元、内村鑑三に至るまでの東西思想を広範に照覧し、しかも、ニールス・ボーアやシュレーディンガーをつうじて量子力学を、さらには宇宙物理学を注視した徹底性には、ほとほと舌を巻かされる。

III

起きあがるジザン

日に見えず、二つの曲線——双曲線——が人生の中では鬩《せめ》ぎ合っている。ボールを空に向かって投げ、頂上に至って落下してくる抛物線と、それとは真逆の、落下から上昇に転ずる抛物線と。前者の形は「下に開かれている」、後者は「上に開かれている」と呼ばれる。

上昇運と思って昇っていくと、いつのまにか落下し、下降運に見えるが甘受すると、いつしか上昇運に転ずる、さながら人の一生の浮き沈みのようだ。「吉凶は糾《あざな》える縄のごとし」とか、「人間万事塞翁《さいおう》が馬」と譬《たと》えられるゆえんである。吉が凶に転じ、凶が吉に転ずるポイントが隠されているからだ。人の運命に譬えれば、それを「特異点」と呼びうるであろう。特異点を微積にかけれぱ、未来が上昇か下降かがはっきりする。人生においては、どんな点が特異点なのであろう。執行草舟の前半生において、最大の特異点とは、かの島原の墓参だったのではあるまいか。

二十五歳で初めて、武家の祖先である一族三十六名がことごとく忠節に殉じた戦陣の跡を偲び、わけてもその旗頭、執行種兼の壮絶な最期を知って、これに挽歌をささげた。お家断絶——これ以上の垂直落下はない。鬼哭啾々《きこくしゅうしゅう》たるその絶唱を読んで私は知った。これは草舟の祈りであり、さらに誓いである、と。

執行武士団の垂直落下を己の運命とする誓いである。思うに、上昇よりは下降、安易よりは苦痛、生存より死をさえ慕うことが、そもそもこの人の信条だったのではなかろうか。

オルフェウスさながら恋人を失って死を決意したのは、祐輔と名乗る一青年だった。だが、切腹へと駆り立てたのは、彼の中に身を起こした「執行種兼」だったに相違ない。変容に呼応して、そのとき世界は変わった。


自身の中に先任者が居ると自覚することは、近代文明においては狂気か反逆である。日本文明は天皇を中軸とする血族の連続体だった。敗戦によってそれは反民主主義として否定された。私自身、「ホーケン的」といえば全てばっさりの占領時代を生きた一人である。自由、けっこう。個性、けっこう。だが、自分は一人で存在しているのではない、長い長い、いのちの連鎖の果てにあると知ることは、悪いことなのだろうか。

ヘルマン・フォン・カイザーリング伯が伊勢で感動して書いた言葉を思いださ

ずにいられない。

しかり、まことに、私は生命の無限連鎖の輪の一つにすぎないのだ。まことに、自分以前に存在した全ての人々と一体であり、我が感覚は我が身中ではなく個人を越えたもの、我が出自の種族の中にそのルーツを持ち、それを私は体現し、かつ継続していく使命を帯びているのだ。そして、我にして、もし、かくも明瞭に感じつつも定義しがたきこの超個的リアリティのシンボルを求めるとすれば、我が種族の始祖、後代がその全ての生誕を負うところの遠祖の上に自分みずからを据えざるをえないのである。他のなんぴとにもまして、この始祖に対してこそ私は敬意と愛と感謝をささげるものである。

［……］

もしも日本民族が「集団」のプリミチヴな感情、古代共同体的な自意識を失うならば、民族の統一性は失われるであろう。古き日本の精神（ヤマトダマシヒ）をもって生きざる日本人はすべて、胸をむかつかせるほど浅薄となりはてるほかはない。

――ヘルマン・フォン・カイザーリング『ある哲学者の世界周遊記』

右は、戦前にドイツの哲学者カイザーリングが著して世界的絶讃を博した書物からの引用である。伊勢神宮に詣でて「始源的なるもの」に触れ、感動の極を味わった一流西洋人は、ラフカディオ・ハーンから、クローデル、トインビーを経て、マルローに至るまで、それぞれ透徹した感懐を言い遺したが、ここでカイザーリングは「超個的種族」という概念で語ることにより独創的観点を打ち出している。もっとも、種族（race）という言葉は民族差別主義（racism）をも連想させるところから、この名著は敬遠されたのであろうか、日本では翻訳されることなく、かねがね私は残念に思ってきた。ここで言われていること――「超個的リアリティ」――は、いかにも反民主主義的、反時代的と見えるかもしれない。だが、それこそは執行草舟が先祖の墓前で身に帯び、それによって変容を来したところの作因《アクチフ》だったのではなかろうか。

瞠目すべきは、そのとき草舟が、垂直落下の一族の悲運を我がものとすると心に誓ったことである。《滅びたる涙に抱かれ我れも崩れつ》と悲歌をむすんでいる。

その瞬間が、下降曲線を徐々に上向きに転ぜしめる特異点となったに相異ない。かくも哀切ふかき手向けの歌によって、一族の元型が動いたのだ。それによって草舟一個人の力は加持させられ、超個的となったのだ。もっとも、そのあと、いっぺんに曲線は上向きになったわけではない。城ヶ島に続いて目黒で何物か怪奇なものの顕現によって新たな試練を受けねばならなかった。言いかえれば、しかし、それが加持の倍加だったのだ。ここからベクトルは上向きとなって、結婚、起業、今日の隆盛へと至る「上に開かれた」上昇線へと転じたと見うるであろう。「絶対負」という思想を体悟し、虚数の二乗的運命を進んで我がものとしたことが、却って絶大な加持力となった。体悟は徹底していて、明治維新後、佐賀の乱に参加したことで二十年以上も座敷牢蟄居を余儀なくされた曽祖父の悲運にも、万斛《ばんこく》の涙をそそいでいる。

＊

ところで、加持、加持力という古語をあえて使ったが、特に華厳経を思いだしてのことである。

「世間界《せけんかい》」と「法界《ほっかい》」は、離れているのではなく、ぴったり重なり合っていると、そこで説かれている。そのさまは、現実の風景に蜃気楼が重なっているようなもので、互いに妨げ合うことはない。それなのに俗人には法界は見えない。見えるとすれば、ひとえに「諸菩薩の加持力」による——というのである。

「聖霊の加護によりて私は未来を見る」とノストラダムスが言うことに通ずるであろうか。

現代人はもはやこうした加持力を信じない。「加持祈祷のたぐい」と、ほとんど迷信なみにしか見ない。しかし、菩薩と呼ぼうと聖霊と呼ぼうと、超越界の加勢なくして大事は成らないとの思いは、どこかに残っているのではなかろうか。

「はやぶさ」の帰還を祈ってJAXAの代表が亀井戸の天神様にお詣りする光景は、むしろ胸を打つものがあった。

国神《くにがみ》の守護なくして国は持たない。「二分せる王国と家庭は亡びたるなり」との聖書の言葉は恐ろしいほど真実だ。逆に、国神の顕現により励まされてフランス王国を分断の運命から救ったのが、ジャンヌ・ダルクだった。紀元前には、新バビロニア帝国の支配下でシオンの神殿に詣でることのかなわぬ身を嘆いて「エレミヤの悲歌」が生まれた。以後、四散したユダヤの民がイスラエルを建国するまでに二千年余が掛かった。二十世紀には、《この年のこの日にもまた靖國のみやしろのことにうれひはふかし》と「昭和天皇の悲歌」が生まれ、日本国の二分は募《つの》り、明日の帰趨が危ぶまれる現状となった。

前述のごとく、精神面での日本の「失われた二十年」の真只中、「一九七〇年代」に、二十歳代の執行祐輔が、忠誠の鑑とも称すべき祖先の悲運を身に体し、古式に則って腹《はら》かっさばこうとしたのは、偶然ではなかったのである。「草舟レクシック」の中の一語を借りて言えば、その瞬間、「卒啄《そったく》の機」が働いたのだ——宇宙的に。

この言葉を「善財童子」祐輔は、十歳のころに出遭った天才治療家、野口晴哉から学び、一生の指針としてきた。小学校の前半に大病と放射線治療の副作用で神経麻痺の難病に陥ったときと、さらに十二歳で無鉄砲な飛び移りにより頭蓋骨骨折し、死に瀕したときと、二度にわたって彼は野口晴哉の神の手に救われたのみならず、『碧巖録』第十六則中の有名な「卒啄の機」という一語を教えられ、以後それを一生の座右銘としたのである。

鶏卵の中で雛《ひな》が殻を突《つつ》くのと母鶏《ははどり》が外から突くのは同時であることによって雛《ひな》鶏《どり》は生まれる。この絶対の好機（禅機）を外《はず》しては事は成らずとの譬えだが、執行草舟の非凡なところは、これを生涯かけて眷々《けんけん》服用し、宇宙原理にまで敷衍《ふえん》して深めていったことだった。

体温二十五度の、氷のように冷えきった仮死状態で、激痛を抑えつつ、枕頭に聞いた言葉である——忘れるはずがない。草舟こと祐輔が善財童子なら、野口晴哉は菩薩だった。禅林では「大用《たいゆう》を発する」という。少年は、居合、弓術を学ぶかたわら、宮本武蔵の『五輪書』、オイゲン・ヘリゲルの『弓と禅』などを貪《むさぼ》り読み、頂いた禅公案——「卒啄」——の一語を深め、かつ大いに実践化していった。突然、放つ弓の矢がすべて的に当たるようになり、剣道三、四段の大人と立ち会っても自分の体に相手の竹刀が当たらなくなった。ヘリゲルの伝える名人、阿波研造の、激射に先立って的中を見る境地にまで至ったようで、信じがたいほどの熟達ぶりであった。

この段階に留まっていては、しかし、「執行草舟」は生まれなかったであろう。母鶏《ははどり》と雛鶏《ひなどり》の間の「絶対の信頼が宇宙生命の同時性を生む」との達観から、「卒啄の機こそ全生命を支配している法則だ」との悟りに至って、無明長夜は明けるのだ。

＊

「卒啄の機とは超常現象でも、ただの偶然でもない」と、いみじくも草舟は明言している。ではそれは何なのか――鶏にではなく、人間に起こる場合には？

ありえない暗合現象が起こると、人はそれを偶然と呼ぶ。合理に逆らうからだ。ある意味で人間とは、一生涯、偶然に驚きつづける存在といえよう。

「卒啄」が禅語として生まれたことが示すように、暗合を最も深く捉えたのは仏教である。「因縁《いんねん》」の一語にそれは集約される。超「因果律」をそれは示している。原因→結果の物理的法則をこえて起こる現象が因縁で、合理偏重の西洋は科学の名において因縁を認めず、近代化推進の日本はそれに倣って因縁を放逐してきた。「因縁噺《いんねんばなし》」の一語が示すとおり、ほとんど迷信と同義として。江戸の「振袖火事《ふりそでかじ》」など典型的なもので、因縁は怪談噺《かいだんばなし》が唯一の引き受け手となった。

事ほど左様に、偶然＝暗合＝非因果律は、何千年にもわたって、宗教と文学が王領だった。科学は偶然を忌避する。「神はサイコロ遊びをしない」。この鉄則が崩れたのは二十世紀の量子力学の登場による。鍵を握る「不確定性」の概念が統計学的視点から「偶然」に新たな光を照射してからである……

……とここまで書いたとき、まさに何の暗合か、本日、二〇二二年十月五日、ノーベル物理学賞が「量子情報科学の開拓者」としてつとに名高いオーストリアのアントン・ツァイリンガー博士ほか二氏に授与されたとのニュースが流れた。光子など極微の二粒子が無限に離れた宇宙空間にあっても同時反応を示す「EPR」現象について解明した功績によるもので、この現象は「光速をこえる暗合」として一時話題にもなったが、むしろ暗在系的な「量子もつれ」によるとして量子技術革命の新時代を開いた。現在、世界中が凌《しの》ぎを削っている量子コンピューターによる暗号解読の絶対不可能な次世代通信の開発は、これと連動している。

遠隔二粒子の振る舞いの同時性を暗合と呼ぶのは文系的解釈として気が引けるが、二十一世紀文明の新世界観樹立の上から許容かつ必要とされるのではなかろうか。

「はやぶさ2」がリュウグウから持ち帰った粒子に生命の素となるアミノ酸や水分が含有されていたように、宇宙はもはや無機ではない。生まれつつある霊性文明の中で、宇宙は量子的暗合に満ち満ちて、われわれの脳と共振しつつ、ホログラフィックに立っている。

＊

もはや「偶然」に驚いている時代ではない。
驚くのは、卒啄、暗合である。
アインシュタインは、関東大震災の前年に来日し、こんな言葉を残している
――「潮の満《み》ち干《ひ》きを見て日本人は万有引力を考えなかったのだろうか」

「考えていたんですよ、博士、日本人のやりかたで」と私は答えたい、

名月や　門にさし入る　潮がしら

との芭蕉の句を引いて。

物理学者にとっての方程式は文人にとってのポエジーである。月には水があるとは最近の発見だが、万葉集には、つとにこう詠まれていた。

月読《つくよみ》の　持てる復若水《をちみず》　い取りきて
君に献《まつ》りて　復若《をち》えしものを

詩に咲き出るか、方程式に凝縮されるか、岐《わか》れるまえに沈黙と混沌の深層があり、阿頼耶識《あらやしき》という呼び名こそ無けれ、日本人はその暗在系的根源に優れて敏感な感性を持つ民族だった。

「ニッポン原人」（五味康祐）こと執行草舟が「卒啄の機」の妙を説きつつ「会

話などは、しょせん、沈黙から排泄された老廃物に過ぎない」と言い切るのは、このような根源への信あればこそだった。縄文人一万年の感性が偲ばれる。万葉人の心にはまだそれが生きていた。

わが妻は　いたく恋ひらし　飲む水に
影さへ見えて　世に忘られず

朝髪の　思ひ乱れて　かくばかり
汝姉《なね》が恋ふれぞ　夢《いぬ》に見えける

右は、それぞれ、防人《さきもり》と大伴坂上郎女《おおとものさかのうえのいらつめ》の歌だが、「彼、我を思う、ゆえに我、ヴィジョンを見る」という点では共通である。これが平安時代になると「我、彼を思う。ゆえにヴィジョンを見る」、つまり、《思ひつつ寝《ぬ》ればや人の見えつらむ夢と知りせばさめざらましを》（小野小町）に変わっていった。万葉集から古今和歌集への変化の本質とはこれである。夢や水鏡に愛しき人の面影が映る、この暗合は、太古の昔においては向こうから来るものだった。時には、超越界からさえも——

かはづ鳴く　神奈備川《かんなびがわ》に　影見えて
いまか咲くらむ　山吹の花

厚見《あつみの》王《おほきみ》のこの歌で、「影」とは何か。

折口信夫は、これを、川に影が映るほど今ごろ山吹の花が咲いていることであろうと説明しているが、それは表面的な解釈であって、この歌に秘められたミステリーの解読ではない。玄義をつかんだのは折口の弟子筋にあたる山本健吉で、「影」を大日孁貴神《おおひるめのむちのかみ》、すなわちアマテラスの影向《ようごう》と見た。解読キーとなるのは「神奈備川」で、これは固有名詞であるとともに「神が宿るほどの美しい川」を意味している。その名も神宿る美しい川に太陽女神の光がゆらゆらと揺れて映り、その黄金色と重なって、いま山吹の花が咲き出ようとしている——。

ひとり山本健吉のみがこのように万葉集中のこの一首の玄義を捉えたのは、

古人の心にはそれが生き、その後失われていった深い暗合を見透かしたからにほかならない。超自然と、自然と、人とをむすぶ照応の関係で、大和びとの心にはそのような一体感がまだ生きていたのである。

換言すれば、青丹よし奈良の都は、日本の偉大な霊性文明の母胎だった。聖徳太子のジェニーあればこそで、日本的霊性の元型、その超越的性格は法隆寺に結晶して定まった。

以後一千年間にわたってこの元型——芸術の世界では「根源的プロトタイプ」（マルロー）——は様々な文化形態に咲き出たが、その間に、日本的暗合の性質は特に禅と武士道をとおして一段と深められた。死との関係が深められたからである——日本的に。「辞世」一つを取っても、この風習は日本にしかない。武士の死は、たとえ切腹で終わろうとも血で終わらず、歌で終わったのだ。

日本を最も深く理解した西洋の賢者たちを捉えたのは、この一点だった。

「人間は死とも通じることが出来る……。至難の業《わざ》だが、おそらくそれが生の意味というものであろう……」（On peut communier même avec la mort.... C'est le plus difficile, mais peut-être est-ce le sens de la vie....)

これは若きマルローが『人間の条件』で或る日本人画家の口を借りて述べた名言として残っている。

*

「卒啄の機」を暗合として、つまり偶然をこえる何物かとして捉えることは、右に瞥見したように、日本的霊性においては詩歌に詠われることが多く、従って抒情的性質のものであることが特徴であった。

この点に注目して繊細な短編作品に仕立てたのが小泉八雲である。八雲は「因縁」に興味を持ち、時縁《じえん》とも称すべき時間に顕れた因縁——命日をモチーフとして「和解」のような傑作を書いた。これは「黒髪」として小林正樹監督の『怪談』に採り入れられ、欧米の観客をも魅了した。もちろん、命日の怪談仕立ては、江戸期、上田秋成の『雨月物語』中の「菊花《きっか》の約《ちぎり》」をもって嚆矢《こうし》とするが。

小泉八雲の怪談の真骨頂は、しかし、最もありえないケース、人間と自然の精との交感の物語にあった。「雪女」、「おしどり」などは、その哀切きわまりない抒情美をもって、一読、忘れがたい余韻を掻き立てる。

しかし、人間性は非合理を忌避するように出来ている。その現象を「偶然」、さらにその極まりを「奇蹟」と呼ぶ。

しかし、いくら忌避しても非合理現象は立ち戻ってくる。要するに「偶然なんて無いんだ」と、人は二度驚く。

人類は、長いこと、神意、摂理によって偶然を説明してきた。しかし、神の一語を取ってしまったらどうなるのか。神がゴッド、絶対主である文明――西洋においては、問いは深刻である。偶然、剥き出しとなった偶然は、敵とならずにいない。若きシャルル・ド・ゴールの著書『白刃』(*Le Fil de l'Épée*)は、敵を偶然と同一視することによって有名となった。

偶然を主題とする西洋の奇譚には、従って救いがない。

ナサニエル・ホーソンの『緋文字』には、まだ神の名があった。だが、これを論じたエドガー・アラン・ポーの作品になると、もはや神はない。よって、偶然は真の怪奇、恐怖となった。

ポーに心酔するあまりその名をもじって自らを江戸川乱歩と命名した探偵小説

家がこの点をどう論じたかは知らない。しかし、分析に価するテーマといえよう。驚嘆すべき先見性をもって、ポーは、偶然の一致現象、暗合から、恐怖、おぞましさの感情を引き出すことに成功した。西洋に仏教的因縁の概念があれば事はもっと簡単だったかもしれない。この世には、明らかに単なる因果律をこえた別種の法則があるとポーは予感していた。名作『黒猫』の冒頭で、「これは私にとっては恐怖だが、世人は極《ご》く自然の原因・結果の連続以外のものを認めないように」と警告を発している。

ポーの最高傑作、『アッシャー家の崩壊』については、「異常な暗合」と自註し、自分と瓜《うり》二つの人間と出遭うという奇譚、『ウィリアム・ウィルソン』については「厭らしい暗合」と呼んだ。

それでは、この種の偶然の一致現象は本当に偶然というだけなのか、それとも何らかの意味があるのかと問うことで、ポーは、後年のユングの「シンクロニシティ」理論の先駆ともいうべき道を啓《ひら》いた。暗号解読の傑作小説、『黄金虫』がそれで、髑髏《どくろ》を描いた羊皮紙をめぐって次々と起こる偶然の事件の連続に、「この記号は暗号をなしているのだ、つまり意味を持っているのだ」と書き、「実に不思議だ」と嘆声を発するのである。

日本の近代文学でも、夏目漱石の『こゝろ』は暗合を伏線とし、島崎藤村の『破戒』も超自然的な光景から始まっている。現代では、ノン・フィクション作家、柳田邦男が「なぜ類似した事故は連続して起こるか」と基本的な問いを発した。しかし、国民性であろうか、日本では「偶然」を徹底的に解剖したポー的作品にお目にかかることはない。寺田寅彦の随筆も、奇怪な猫の連続出現といった出来事を取りあげながらも、科学者の——旧来の——プライドか、結局は合理的説明で鉾《ほこ》を収めている。


西洋では、英国作家ケストラーが「天使も顔をそむける領域」と断《ことわ》りつつも真っ向から問題に挑戦して『偶然の本質』を書いたし、何よりもユングの「シンクロニシティ＝意味のある偶然の一致」理論が心理学として初めて科学の領域に入った。

ただし、二十世紀を両断した冷戦時代には、偶然へのアプローチは国によって異なった。精神を物質の取り得る最高形態として定義するソ連圏においては、当然のことながら「元型」を認めず、他方、宇宙飛行士と地上の間でテレパシー実験や遠隔催眠実験などで西側世界に先駆けた。中国では「唯象科学」の名称で異常功能の「気」が多いに持てはやされ、やがて日本まで及ぶ気功の大流行となった。

自由圏で心理であるものは、共産主義圏では物質とされる違いはあるものの、「偶然」は両者にとって科学の名においては謂わば共通の敵であった。量子力学はさらに偶然を「不確定性」に変えた……

この点、執行草舟は、このような偶然を運命として捉え直し、武士道に内在する日本的な原型をもって、あらゆる現象を再考しつつあると言えようか。草舟自身、それをこそ新しい革命と呼んでいる。不確定性に「暗黒」の名を与え、その負の哲学によって現代を撃とうとしているかのように。

執行草舟に決定的影響を与えた三島由紀夫は、不可知論文明の頂点に立ち、二十一世紀への予見的位置を占めている。本論の冒頭にも見たとおり、『美しい星』で、「来るべき核戦争は（……）『不幸な偶然』から起こるだろう」と予言して、こう言う。

悪が孤独な詩のようになり、詩が孤独な悪のようになっているのが現代の本当の状況なんだよ。（……）実は一人の個人の小さな詩から戦争がはじまるのが現代なんだよ……

二〇二二年十月現在、「クリミヤ大橋」爆破への報復としてウクライナ全土にロシア軍による爆撃が繰りひろげられつつあるのも、所詮は、プーチンと名乗る「孤独な悪」が「孤独な詩」となって、ちっぽけな精神から咲き出た絢爛《けんらん》たる暗黒の花火なのかもしれない。

＊

偶然に直面して人間が示す反応は、驚き、戸惑い、恐怖など様々あれども、要は「不可思議」の一語に尽きる。

「不可思議」と「不可知」は同義であり、それは神なき現代文明の特質であると見抜いたのは、日本では内村鑑三だった。一九二九年に彼はこう書いている。

無神論に似てそれよりも理論的に遥かに有力なるは不可知論、又は不可思議論（Agnosticism）である。

——岩波書店『内村鑑三全集』三十二巻

ついで、不可知論は十九世紀後半の英国で早くも提唱されていた事実を指摘して、こう重要な結論を下しているのである。

……故に不可思議論の帰着するところは懐疑主義である。

二十世紀は、いかにも不可思議論……いや、不可知論文明の時代であり、それは懐疑主義的傾向をもって幕を閉じたのであった。

しかし、内村鑑三自身は懐疑主義に陥らなかった。彼は、「無教会主義者」だったのではない。執行草舟と同様に、ミスティックだったのだ。いみじくも、その信仰は「如何なる律法の束縛も受けず、宗教にあらず、内なる霊の働きである」と述懐している。

死後の生命を信じたが、今生の生命とセパレートされているとは見なかった。一続きと見ていた。

神は不可知であろうとも、聖霊がキリストの福音の深義を理解させてくれると信じた。

そして何よりも、真理は、形に譬えれば、真円にあらず、むしろ楕円形を成しているとの独創的ヴィジョンを持した。円は中心が一箇だが、楕円は二箇あり、真理は「哲学的に言へば物と霊」の二点より成るゆえに、と。

さらに論を進めて内村鑑三はこういうのだ。

「偉人は楕円形である、すなわち愛と義の二元性より成り立っている」と。

ここのところを草舟は自家薬籠中の言葉でこう語っていたのを、私は思いだす

——

「武士道の中心は楕円である。それは愛と義、つまりあの世とこの世のせめぎ合いにより屹立しているのだ」と。

真理の楕円形説は秀抜である。私事ながら、パリで書いたある詩を思いださせられる。パリ八区の拙宅の近くに建つトリニテ寺院の前庭が楕円形をしていた。そこに、正面の聖母像を挟んで一対の天使像がふうわりと降り立った優雅さに魅せられて、私はこう書いた。

　　……ふと、わたしは考える。
　楕円は二つの中心のまわりに作られる。
　とすると　だれが　どんなコンパスを使って　あの二人の天使のまわりに
　緑の空間を縁どる白い楕円曲線を描かせたのであろうか――と。

「物と霊」を囲む楕円とは、取りもなおさず、霊性のかたちと言えるのではなかろうか。

つらつら思うに、日本は、そのような非二分性の国であった。弘法大師の「両界曼荼羅」にその典型を見る。通常は「地水火風空」の五大要素によって世界は構成されていると見るところ、これを「胎蔵界」とし、さらに意識の「識」を「金剛界」としてそれと向き合わせた。両々相俟って全宇宙の包括ヴィジョンとしたのである。

東寺に収められた「胎蔵界」と「金剛界」――「物と霊」の向き合う空間こそは、霊性であった。日本人はこの空間をずっと生きてきたのだ。

日本的自由とは、物心のいずれか、左右のいずれかに偏しない開かれた場のところである。内村鑑三が聖書の福音を「自由の母」と呼ぶとき、彼はこの開かれた日本的自由の場をとおして「内なるエルサレム」を透かし見ていた。彼の根源的ヴィジョンの中では、日本と西洋と二つの楕円が重なり合っている。さらに、それぞれの楕円を構成する二つの点――「物と霊」は、偉人の元では「愛と義の二元性」にほかならず、それは東西文明――武士道とキリスト教に共通であると達観したのであった。

「不可知論の帰着するところは、懐疑主義である」と内村鑑三は見た。

しかし、彼自身は懐疑主義者にはならなかった。「愛と義」を包攝せる霊性の「自由の場」に生きたからにほかならない。武士道と福音書をむすんでこの場——楕円——をつらぬく垂直軸を自らの背骨として。

＊

日本が、そこに立っていた。死して生きる大和島根の英傑の群像に、シメナワのように囲まれて。

三島由紀夫の切腹にヨーロッパのエリートたちが最も驚いたのは、懐疑主義どころか、「ニヒリズムに陥らない死」であった。ちなみに、その死に感じた一人、著名な——「極右の」——作家、ドミニック・ヴェネールは、パリのノートルダム大聖堂で拳銃自殺をとげた。その遺著は『西洋のサムライ』と題され、三島讃が切々と綴られていた……。

「のっぺりした、ニュートラルな」現下の日本で、三島の問いを、突きつけられた匕首《あいくち》のように受けとめ、自ら血を流して答えようとしたのが執行草舟であるといえよう。内村鑑三、さらに三島由紀夫という日本的霊性の大先達《せんだつ》の命題を、自らの生《せい》そのものとして生き切ろうとした。

内村鑑三思想に草舟は心酔し、大影響を受けている。しかし、鑑三の生きた第一次大戦後から草舟が生を享けた第二次大戦後の間に、不可知論は本質的変化を遂げていた。それは心理的懐疑主義には行き着かず、物理的確率論に行き着いていたからである。

量子力学的世界観のもと、存在は、存在する傾向に変わった。デイヴィッド・ボームのいうごとく、われわれの生きている現実世界のほうが、見えない――暗在系――世界の「抽象形」となった。心情的「懐疑」ではなく、物質的「不確定性」が新時代の不可知論の基準となったのである。

次のマルローの言葉が告げるものはそれである。

「偶発性を一種の懐疑主義と混同するならば、その何たるかが分からない」

「偶発性」（l'aléatoire）と言っている。「偶然」（aléa）を科学した用語である。マルローのこの言葉をフランスで最も深く吟味し、理解したのは、マルローの那智滝での開眼の意味を読みといた、かのクロード・タンヌリーだった。彼に敬意を表してその解釈を採り入れると——

「サイコロを一回振って《3》の目が出れば、それは偶発的である。偶然と言ってもいい。不十分な回数だけ振っている間は偶発的だが、相当に大きな回数に達すれば、目は確かとなる。出てくるサイコロの目は、時間の中でしか偶発的でないのだ……」

ここまで読んだとき、私は、モンテカルロのカジノで聞いたことを思いだした。山本五十六が何日間も通って、「高等数学」で賭けつづけて胴元をつぶしたという話である。また、のちに駐仏「大」大使となる萩原徹氏が、戦後、パリに大使館を開設する任を帯びて渡欧し、途中、同じくモンテカルロに立ち寄り、貴重な外貨をブラック・ジャックに賭けて、ほとんどすってんてんになった。泣いて止める部下たちを無視して最後に有りがね全部を賭け、そして勝利した。「大儲けして、その金で悠々大使館の元を開いたよ」とは、ご当人自身から私が聞いた「外務省秘中の秘」のエピソードだが、山本五十六と言い、萩原大使と言い、要は大数の法則といったものを援用したのではあるまいか。
話が逸れたが、クロード・タンヌリーの指摘に戻ると、続いてこう演繹《えんえき》するところが素晴らしい。

数学は、三次元、四次元、五次元……n次元を抱懐し、時間を完全凝縮することができる。放物線の方程式は、ある一点が過・現・未いずれの時間においても取りうる位置を内蔵している。大数の法則も確率の方程式も同様である。それらは瞬間をも数百年をも昇華するのだ。そこに、全ての偶発性は、白日のもと、全き確実性をもって顕現するのだ。数学者も、ミスティックも、完全な凝縮時間を生きる。パスカルの計算機が彼を「火の夜」へと導いたであろうことは想像にかたくない。

——クロード・タンヌリー『絶対的不可知論者マルロー』

未明の岬で、暗い海に向かって巖頭《がんとう》に坐し、短刀を腹に突き立てんとした青年、執行草舟の内側で、瞬間、「完全な凝縮時間」がショートした——のではなかろうか。

避雷針を伝わる稲妻のように、握った剣先から。

時間を完全凝縮せしめた力は、死である。

その瞬間、彼は、不可知論文明の識閾《しきいき》をこえたのだ。

「不可知論文明のドラマは」とマルローは書かなかっただろうか。「われわれが死を思考できないことに由来するのではない。ぜんぜん死に到達できないことにあるのだ」(Le drame de l'agnosticisme ne vient pas de ce que nous tenons la mort pour impensable, mais de ce que nous n'y parvenons point.)

「死に到達する」とは、マルロー用語では、「死に差しで(一対一で)語りかける」(Parler égal à égal à la mort)ことを意味する。信仰に根ざさないかぎりそれは不可能であり、そこが不可知論文明の限界——識閾——であると見ていたのである。

このようなヴィジョンからすれば、切腹とは、生きながら最大値まで死に近づくことを意味する。その瞬間、祐輔青年の身に致死量の電流が走り、吹き飛ばされて自決は成らなかったけれども、想像力の中では刺したも同然だった。先にも見たとおり、その証拠に、後々、伝家の宝刀にびっしりと附着した血糊《ちのり》は錆びついて取れなかった。

ポール・ロワイヤル僧院のパスカルが思いだされる。ソルボンヌで知り合ったばかりのオリヴィエ・ジェルマントマ——のちに『日本待望論』を出版した——が四時間、ドゥー・シュヴォーを飛ばして連れていってくれた。暗い独房に、パスカルの腹に巻かれた鉄の苦行帯が陳列されていた。なぜか、二、三片に千切れて。『パンセ』の著者は、その棘々《とげとげ》が肉に食い入る苦痛に耐えて瞑想を続けるうちに「火」の体験を得た。旧約の神々が顕現するヴィジョンだったらしい。

その痛々しい棘々も、パスカルの血糊か、どす黒い鉄錆となっていた……

＊

内村鑑三から三島由紀夫を経て執行草舟へ、「愛と義」に生きることで懐疑主義は乗りこえられ、かくして不可知論のかなたへと向かう道は継承された。しかし、草舟に至って特に深められた一点がある。「宇宙」である。城ヶ島の体験がそれをもたらした。『おゝポポイ！』で彼は熱情的に語っている。

――「宇宙の果てにある生命の根源」とリルケが言っている場所へ、自分は、太陽に突入したあのときに、行ったのではないかと思っている……

――(絶対負とは)一言でいえば、宇宙の根源をなす計測不能の「宇宙エネルギー」であり、宇宙の活動を支える暗黒の「存在エネルギー」の総称である。

――(絶対負は)宇宙においては、星や銀河の存在を支えている「力」であり、我々に生命を与えている「力」である。

――宇宙は核融合によって物質世界を創っているが、その核融合を行わせる「力」が宇宙の根源力であり、その力によって我々は生きている。だから、私は、生命とは「小さな核融合」だと思っている……

一見、放言のように見える。

しかし、ゲーテの形態論からシュレーディンガーの量子論に至るまで、持ち前の旺盛な探求心から古今の典籍を渉猟しつくして極めた理論に加えて、その元というべき命がけの行体験《ぎょう》の、それこそ「下支え」があるだけに、こうした言葉には有無を言わせない説得力が感じられる。

量子論といえば、これまでそれに基づいた文明論は、「偶発性という総合的不安定性」の君臨する世界、といった見かたが絶対的だった。往年の哲学的「懐疑主義」が量子の振る舞い的「偶発性」に形を変え、先端科学に先導されて——。思想面においては、それは、「不条理」の一語に集約される世界観だった。コロナ禍の影響のもと、アルベール・カミュの『ペスト』はたちどころに日本で何十万部も増刷され、『異邦人』も復活した。訳《わけ》の分からないウイルスの地球的蔓延を前に、「アプシュルド」(l'absurde 不条理)の一言以上に強い託宣があろうか。

しかし、カミュについて言えば、果たしてその思想が日本でまともに理解されたかどうかは疑わしい。「追放と王国」というカミュ用語の「王国」を削って「追放」だけを残したがる進歩主義史観が働いていたからである。カミュ『シジフォスの神話』にある次の言葉はどのように受けとられるであろうか。

宇宙もまた愛し、苦しむことが出来るのだと、もし知ったなら、人間は和解しうるであろう。

Si l'homme reconnaissait que l'univers, lui ausi, peut aimer et souffrir, il serait réconcilié.

——Albert Camus *Le Mythe de Sisyphe*

この言葉——何と素晴らしい！——を読み替えれば、地上に平和、恒久平和など、ありえない、宇宙との和解（réconciliation）がないかぎりは、となろうか。愛を人間の世界のものとだけ考えているかぎりはこの和解はありえない、というのである。

そもそも、愛と宇宙を現代人は「誰何《すいか》している」（légitimer）、何者ぞと問うていると、カミュは見る。しかし、一体となる以上の和解があるだろうか。

あるとき、執行草舟が、まだ若き祐輔青年として三島由紀夫から聞いたという謎めいた言葉の意味が、いまこそ解るべき時が来た。

それは、三島自刃の一年三、四ヶ月まえ、青年が十九歳の時だった。対面での対話の最後となったその機会に、三島はカミュの『シジフォスの神話』についてこう言ったという。

「シジフォスは苛酷な運命の代表として挙げられるが、カミュが書いた最後の言葉に僕は痺れているんだ。何が起ころうと、つまりは《幸福なシジフォスを思い描かなければならぬ》と……」

さらに意味深長な一句を三島はこう付け加えた――

「僕に何かあったときには、それを思い起こしてほしい」

「幸福なシジフォス」とは、このギリシア神話の人物が、永遠に巖石を押し上げる苛酷な運命から解放される瞬間ではあるまい、と私は愚考する。それは、苦痛の極みに、ついに死と「差しで」向き合う瞬間ではなかろうか。

ヴィジョネール三島の面目躍如たる一言で、それをもってさながら彼は自らの間近な最期を予告するとともに、執行祐輔の未来をも見透かしていたかのようにみえる。時に祐輔十九歳、三島四十四歳だった。

　これに先立って、二人が初顔合わせしたときから、「戦後生まれの人間で、僕の文学を血で読み、理解してくれたのは君だけだ」と親愛感を示されたほどの間柄ゆえの、心底からの述懐だったに相違ない。

　もしも三島が生き延びて、八年後に起こる城ヶ島の事件を知ったとしたら、どう考えたであろうか。羨んで、こう質問したかもしれない。君は死をどう見たか、と。

　それというのも、城ヶ島で祐輔青年を昏倒せしめた超自然現象は、現代の日本には、木霊《こだま》の一つをも返すような文化的環境は皆無だったからである。

　あの現象は、クロード・タンヌリーの言葉を借りれば、数学者かミスティックにしか起こりえない「時間の完全凝縮」だった。日本では道元、西洋ではノストラダムスが経験したような――それによって予言は可能となる――現瞬間（而《じ》今《こん》）に全時間が凝縮しているような。それが丹田《たんでん》をとおして旭日光とショートし、

「太陽との合一」を引き起こした……

死と向き合えばこそ、である。

道元の全思想を一言で言えば「それは《火を噴く今》である」と語った草舟の言葉が思いだされる。

重要なことは、感電死に近い、このパスカル的「火の体験」をつうじて「宇宙との和解」が垣間見られたということではあるまいか。

壮絶なこの仮死こそは、「絶対負」という執行草舟思想の原点となったものにほかならない。

宝刀を手に旭日と対面した青年の行為について、従って、次のマルローの一言以上によく説き明かしたものはないように思われる。

これは、「世界の意義について、死が投ずる問いに答えようとしたものである」(....qui s'accordent aux questions que la vie pose à la signification du monde.)、と。

*

執行祐輔自身にとっては、幼時から一生の銘とした「卒啄の機」の、命がけの実践にほかならないものであっただろうか。祐輔自身が殻《から》の内側から突《つつ》く雛鶏《ひなどり》であり、太陽は外側からこれを罅割《ひびわ》る母鶏《ははどり》だった……

やがて、壮大な草舟メタフィジック（形而上学）がここから引き出されてくることとなるが、体験そのものはフィジカルだったことが改めて注目される。ここでもクロード・タンヌリーの省察が予言的である。

「われわれの後継者たちは、冥界《リンブス》より出て、メタフィジックではなくフィジック（物・身 le physique）の時代へと入るであろう。なぜなら、こんにち、見えない世界を啓示するのはフィジックの研究だからだ。そのとき彼らは、死ではなく、生の中へ入るであろう」Ils (nos successeurs) sortiront alors des limbes pour entrer dans une ère, non du méthaphysique, mais du physique puisque aujourd'hui c'est l'étude du physique qui révèle un monde à jamais invisible ....

「われわれの後継者」、すなわち二十一世紀へのランナーであり、草舟は、その聖火をかかげる一人となっていたのである。

このように書くと、大げさと取られようか。

誤解を避け、事理を明らめるために、ここで或る観点からの光を照射しなければならない。暗中を透視する赤外線のごとき――。

三島由紀夫の自刃の年、一九七〇年から、執行祐輔が切腹をこころみた一九七八年までの八年間は、歴史と霊性の両次元のクロッシングが世界的に激化した時期に当たっていたということである。祐輔青年の行為は、孤独な、狂気の沙汰のように見えて、実は、この見えない世界的暗流と無関係ではなかった。

そして何よりも日本の運命、「瘁《お》え」の運命に無意識裡にむすびついていたかに思われる。(私はこの瘁えという古語を、神武天皇の皇軍が賊のために行き難《なや》んでいたときの、記紀の記述に基づいて使っている。これ以上適格な表現はないとの思いで。)

一言でいえば、それは、中国の強大化と、それに反比例した日本の尽瘁《じんすい》が極立《きわだ》ちはじめた時期であった。「日中国交正常化」が行われたのは一九七二年である。今年、二〇二二年はその「五十周年」に当たるが、もはや祝賀の声はない。その間、自由世界は中国に「騙されていた」との認識が一般化したからである。

三島由紀夫の死は、この時期の前に起こったことだった。しかし、彼の魂は「美しい星」の炎上を幻視していた。戯曲『癩王のテラス』はカンボジアのクメール王国崩壊の予見であり、この崩壊は彼の死後しばらくして起こった。カンボジア国民二百万人の虐殺について、日本のメディアは中国におもねてむしろその背景を隠蔽したが、クメール・ルージュとシアヌーク殿下を巧みに操る北京政府の指嗾《しそう》によるものだった。「外圧」により「靖國神社国家護持法案」は国会で最終的に廃案とされ、事実無根の「南京大虐殺」が高校教科書にまで記載されるなど、日本のデカダンスは極まりつつあった。

歴史という絶対的昼の現実により、大和心は苦しんでいた。見えない霊性世界の琴線をふるわせる出来事となって、それは処々に暗い地下泉を噴きあげた。何よりも昭和天皇の悲歌に結晶化された民族の慷《うれた》みであり、実にそれは崩御までの十五年間も続いていく。

そして魂の共振現象が起こった。それこそは霊性の最も際立たしい特徴というべきか、暗在系的に——すなわち、直接の絆も、国境もなく。

日本の未来が危うい、次の天皇となるべき御方に至高の帝王学をお授けせねば……、これは「マルローさん」を措《お》いて他になしと考えた川端康成が、フランスにまで出向いて大任を委嘱しようとした矢先に不慮の死をとげた。川端康成に代わって日本ペンクラブ会長となった芹沢光治良が渡仏して遺志をマルローに伝え、マルローは快諾したが、そのあと原因不明の大病に陥って、幽体離脱を経験した。同時期、芹沢光治良も、実に不可思議な超自然現象を経験しつつあった。

芹沢光治良といえば、世間では何よりも『人間の運命』の作家として有名である。ところが、この長篇小説の完結後、「かくして自分は一生をかけて宗教の束縛から自由になったのである」と宣言し、自他ともにそう信じたあとで、逆に途方もない心霊体験が起こり、九十歳過ぎてから人生は一変してしまったのである。光治良は、マルローに会いに渡仏する直前と、帰国した直後と、二度にわたって、天理教の初代教祖、中山みきが生き身の姿で自室に顕現し、会話するという神秘体験を得ている。

三島由紀夫の義挙と祐輔青年の城ヶ島事件の間の八年間に、これだけの事——幽事が重なって起こっていたのである。互いに無関係に、しかし、ある一点を共通点として。何かと言えば、死の超克という、このことである。マルローの場合、入院中、二十五分間の空中浮揚の間に「自分の死去とは別物の死」を体験している。三島を魅了した、カミュのいう「幸福なシジフォス」であったかもしれない。三島―川端―芹沢―マルローと繋がり、三島は祐輔青年と繋がり、私はこれまた数奇な運命によってこれら全ての人々と繋がっていた。マルローは川端の遺志により東宮明仁親王と美智子妃両殿下への御進講の大役を果たし、不肖私はその通訳という役割を果たしたからである。これら全ては、歴史世界の顕事に対する幽事とも称すべき出来事であり。それら出来事間の関係とその意義は歴史世界には見えず、霊性をとおしてしか見えてこない。

そしてこのような霊性的観点からなのである、祐輔青年の城ヶ島事件がオルフェウス的な恋の喪失の嘆きの姿の奥に、屹立した武人の姿を透かし見せてくれるのは。ギリシア神話に語られる、海にただよう亡骸《なきがら》から白鳥となって飛び立つ魂のように、あの仮死から、閉じこめられていた英魂が甦ったのだ。

人間は、自らのうちに眠る心奥のわれの目覚めによってしか救われることがない。少年アルチュール・ランボーがつとに感じた「われは他者なり」（Je est un autre）の、この「他者」の発見である。しかして、われは、われによってのみ存在しているのではない。無限連鎖の祖霊の下支えによって存在している。祖霊の中で強力なるものは、生死を分ける透明な殻《から》を内側から突《つ》いて、復活の機を窺《うかが》っている。執行祐輔は、「島原残照」の地に立って、一族三十六人の葉隠武士ことごとくが忠節に殉じた悲壮を偲び、「その武士道をこの身に帯びて一心同体となり……」と誓ったのではなかったか。わけても、一統の旗がしら、執行種兼が敵陣ふかく斬りこみ、夜叉のごとくに奮戦するも、萌黄縅《もえぎおどし》を貫いた槍によって最期をとげた壮絶を思って、「槍の穂先《ほさき》は心に達《とど》けり」と自身の心中にそれを受けとめたのではなかったか。

「身に帯びる」の一語以上に「卒啄」の秘義を伝える言葉はない。それは、死するまで運命を共にするということを意味する。愛の極まりは捨身でしかないのだ。身に帯びると誓った瞬間、風が立った。往時もあり、いまもあるは、風のみである。「島原残照」――執行草舟作の、ただ一篇の長歌と反歌の中に、「風」の一語は四回も使われている。《むかし吹きけむ風起《かぜた》ちて……》に始まり、《風を呼ぶ雄叫《をたけ》び去りて……》で終わる。肺腑をつくこのエレジーの隠れたる主語は風であり、それは霊性の息吹《いぶき》だったのだ。

風が通っている。

木霊が響いている。

島原残照は、日本残照に通ずる。

日本は、敗れたから武士道を失ったのではなく、武士道を失ったから敗れたこと、自明である。挽歌の中でこそ、風は通い、木霊は響く。

三島の死に接して、フランスからの至高の挽歌、すなわちオマージュは次の絶唱だった。


……〈坊さん〉は一体の見事な仏像を取りだした。奈良朝のもの、と私は睨《にら》んだ。

やおら、彼はこう言った。

「覚えていてくださいよ。切腹は自殺にあらずということを。切腹とは、祖《そ》廟《びょう》を前にした犠牲《いけにえ》であるということを。この庭も、これまた一個の祖廟ならずして何であるか」

それはさながら、死をもって全うされる古き日本の典雅なる挑戦の一つを、発止《はっし》とばかり、投げつけてよこしたかのごとくであった。

庭園の門口のところで振りかえると、なんと〈坊さん〉は、この仏像を燃やしているのだった。

「祖廟の前の犠牲……」

突如として、そのとき、一九六一年のジャンヌ・ダルク記念祭の折に、オルレアンで私が行った講演の一部が耳もとに甦ってきた。

「かくして薪《たきぎ》の最初の炎がジャンヌの体に届いた。そのときである、死せる往古の騎士道が、すっくと、その奥津城《おくつき》より立ちあがったのは。自らの石のジザン（仰臥像《おうがぞう》）の組み合わせた手を広げつつ……」

彫像の青い炎こそは、永遠に不滅なる日本を象徴してやまないものであった。

――アンドレ・マルロー『反回想録』

右の一節は、三島自刃の報に接してマルローが即座に筆を取り、大作『反回想録』に書き加えたところのものである。龍安寺の石庭で、神風特攻隊の息子を失った「坊さん」なる人物をして語らしめるというフィクティブな設定で、奈良朝の仏像を燃やしてしまう行為に「ミシマ」の犠死、同時にその「青い炎」に「永遠に不滅なる日本」、武士道の日本を象徴せしめている。

「三島の死は何物かの終わりだった。しかし、その死がなければ何物も始まらないような……」（Je pense que c'est la fin de quelque chose, mais une fin sans laquelle le commencement ne serait pas possible.）とヴェリエールの館《やかた》で聞いたマルローの言葉が甦ってくる。

「ミシマ」の名こそなけれ、その存在の明白な日本篇加筆の草稿を送られて、同書の訳者たる私は、「この一篇であなたは能の一幕を書きましたね」と著者に読後感を送った。たしかに、〈坊さん〉を前シテ、特攻の息子を後シテとして往還能の形式に仕立てたら、素晴らしかろうと思う。

が、いま、最も思うことは、三島の死から特攻、武士の切腹……と連想して、ジャンヌ・ダルク、騎士道の復活……と木霊が響きわたったことである。「ジザン」（仰臥像）が、組み合わせた両手を広げて、とマルローは言っている。

パリ郊外のサン・ドニに歴代王家の菩提寺はあり、その地下墓地《クリプト》に、初代メロヴィング王朝以来の王と忠臣たちの石棺は横たわり、それぞれの姿はその蓋の上に生けるがごとく仰向けに刻まれて横たわっている。フランス革命のさなか、それらの遺骸は放りだされて散々に凌辱《りょうじょく》された。が、その魂までは瀆《けが》せなかった。時至ればこれらのジザンは立ちあがるとの民間伝承があり、マルローはその美術論中にジザンの幾体かを屹立せしめた姿で写真掲載している。


木霊は、ここまで伝わっているのである。

現実の歴史世界ではそれはありえない。

しかし、だからといってそれが無いということにはならない。おそらく、見えない山なみにも似た人類の魂なるものの世界があり、その果ての果ての裾野まで木霊は響き交わしつつ伝わっていく——未知の霊性交響楽さながらに。

三島の死は世界中に驚くばかりの木霊を喚起した。しかし、その意味について本当に深く掘りさげたものは、そう多くはない。右に挙げたマルローの龍安寺石庭の章は、その稀なる一篇である。さらに私との対話で彼は意味深長の一言をこのように洩らした。

死の存在しないような文明に遭遇したとしても、なんと当然のことであろう！　各人が、幼時より、自決の瞬間《とき》を選ぶべきと知っているような文明に……

Comme il serait normal de rencontrer une civilisation tout entière où il n'y aurait pas de mort! Où chacun saurait dès son enfance qu'il doit choisir le moment de se tuer....

――アンドレ・マルロー「日本的死―竹本忠雄との対話」（ガリマール版プレイヤード叢書『マルロー全集』第六巻）

三島の切腹に讃辞を呈し、武士の自決は西洋のロマンチックな自殺とは大違いと述べたあとの言葉である。マルロー思想には馴れているはずの私も、初めて耳にする激白に冷や汗が流れた。

なぜ「当然」（ノルマル）なのか――ということである。

かのクロード・タンヌリーも、このマルローの言葉にはよほど衝撃を受けたらしく、こう驚きを隠さない。

「このフレーズでマルローが選んだ《ノルマル》という単純な形容詞の真義を呑みこむには、よほどの努力を要する」と。続いて、こう嘆声を挙げる。「マルロー然たる達観の境地が、実にこの一語には篭もっている」(『絶対的不可知論者マルロー』)。

ヴェリエールのシャトーで私が右のようなマルローの激白を受けてから、ほぼ五十年が経った。その間、その真義の理解のために、私自身、「よほどの努力」を尽くしたとは言いがたい。ところが、いま、はたと思いあたったのだ。執行草舟の「絶対負」なるものはこれではなかろうか、と。

そもそもマルローは、武士の切腹について、「それは死ぬことではない。死の制覇である」と捉えてきた人である。一九三一年の初来日の折、神戸港でそう弁じて記者団を圧倒した(小松清記録)。弱冠三十歳にして既にそれだけの見解を持していた。

「死の存在しないような文明」とは、「死の制覇された文明」の意味であろう。武士道の日本にほかなるまい。「ミシマ」の死に触発されてほとばしった言葉なのであるから。

往年の日本においては、いかにも武家の子弟は、「幼時より」、死すべきときに死すべきであると躾《しつ》けられた。そのための短刀を拝領するは誉れだった。言い換えれば、死して生くることを人生の至高価値とし、その価値観に統《す》べられた文明、つまり、「死の存在しないような文明」——原文では「文明全体」（une civilisation tout entière）と強調——が実在したということであり、これを踏まえてマルローは嘆声を発したのではなかろうか。

ダンケルクの大船主だった祖父を自殺で失い——ヴァイキングの古式に則って自ら頭を斧で船の舳《へさき》に見立てて断ち割ったとか——、さらに、自殺をこころみた実の父に息子として介錯をほどこすなど、壮絶な自決の血を引いたマルローである。切腹礼讃は半端ではなかった。

しかも、死を、避けるのではなく、冒険へ、戦場へと求めつづけた。「彼はつねに死を望んでいるようだった」とは、マルロー側近の友らが口をそろえて証言するところである。

三島自刃にこたえる木霊は、騎士道の国のジザンをも呼び起こし、これほどの深い屈折を引き起こしていたのである。その交響楽の鳴り響いた「一九七〇年代」の日仏間の秘義伝受者《イニシエ》たちの間で、最年少の祐輔青年に、東海の突端《とったん》で、「霊性文明」の日は昇ったのだ。

まさに、赫奕《かくやく》と――。

Ⅳ　第一の奇蹟　城ヶ島（一九七八年）

執行祐輔青年が驚嘆すべき二つの超自然現象を続けて体験した「一九七〇年代」は、前述のごとく、二十世紀の不可知論文明が頂点に達しつつある時代だった。一九七〇年十一月の三島由紀夫の自刃はその先駆とも見られよう。八年後、祐輔はさらに城ヶ島事件を体験し、そこから執行草舟思想の核心となる「絶対負」の原理へ向かう生きかたを引き出すに至る。異とすべきは、生じつつある文明の更新が一青年の内的体験と重なり、彼はそれを激甚に生きたという事実である。

何よりも、フィジカルに——繰りかえし言うならば。自らの身肉《しんにく》に刻まれた灼熱の太陽光との「核融合的」合一は、同時に時代精神との一致でもあったという点に注目したい。

この時代精神とは何であったか。
それは、非合理と不確定性の上に成り立つ量子力学的世界観を許容し、同時にそこから新しい人間像を打ち立てようとするエリートたちの模索であった。
量子力学的世界観は、一九二〇年代に興隆し、特に人間と宇宙の関係において以後半世紀間に劇的変化を遂げてきた。一言でいえば、断絶から「和合」への――

科学と並行して文化面で尖鋭に触知された変化であり、シュレーディンガーがド・ブロイの「物質波」を発展させた波動関数をもちいて量子力学の方程式を作った一九二六年に、つとに若き作家アンドレ・マルローは出世作『西欧の誘惑』を著して、「ヨーロッパ世界は我々を不条理の金属的王国へと導く」(Notre monde nous prépare aux royaumes métalliques de l'absurdité) と明察を下していた。のち（一九五三年）に彼はさらにこう述べている。「統一場理論は、宇宙においては人間が余計者（superflu）であることを自覚せしめた。現代科学は、ひたすら宇宙をまさぐって、コスモスと人間の間には何の共通項もないことを発見して、得々たるものがあるように思われる」（『世界彫刻の空想美術館』）。

しかし、マルローは、究極的に、一九七四年に、日本の熊野・伊勢の巡礼路に旅して、電撃的啓示を受け、「この世界は収斂である」と、「収斂」の一語をもって断絶から和合――カミュなら「和解」と言うであろう――への大転換を表明したのだった。

ちなみに、この一九七四年は、執行祐輔が大学を卒業した年であり、ノーベル生理学・医学賞受賞のセント＝ジェルジ・アルベルトが「負のエントロピー」に代わって「シントロピー」を提唱した年でもあった。執行祐輔が城ヶ島において宇宙的な「負のエネルギー」生命との合一の神秘体験を得たのは、その四年後のことである。この体験は孤立した異常現象ではないのみならず、新文明模索の先端的動向と共時的だった点が注目されてしかるべきであろう。

日本においては、さらにまた、そこには戦後の新たなる試練と落下の運命が表れていた。世にいう「失われた二十年」（一九九〇―二〇一〇年）より十六年先駆けて、このほうは世に知られざるもう一つの「失われた二十年」が、それである。これは一九七四年（昭和四十九年）五月、「靖國神社国家護持法案」が国会で廃案決議された時に端を発していたのである。すなわち、物質的落下に先立って、精神的落下があった。懼れ多くも昭和天皇は、ここから、

緑こき　しだ類を見れば　楽しけど

世をしおもへば　うれひふかしも

と詠い出され、肺腑を抉《えぐ》るばかりの悲歌は、以後、崩御に至るまで十五年間続くのである。

その端緒となった一九七四年の春に、これまた意義ふかい別の共時性現象が複数起こっていた点に注目しなければならない。遠来のマルローが伊勢で「収斂」の啓示を受けたのとほとんど同時に、円覚寺の朝比奈宗源老師が「わしはお伊勢さんに叱られたよ」という神示を得ていたのである。「平和運動ばかりして、肝心な日本はどうなるんじゃい」との——。ここから生長の家総裁の谷口雅春に諮《はか》り、「日本を守る会」（のちの日本会議）の設立へと至ったのであった。

執行祐輔の城ヶ島事件はその四年後に当たる。偶然でも孤立でもなく、共時的、潜在的関連性の出来事といえよう。日本とも、また世界とも。

世界との関係においては、先にも触れた科学の領域において特に然りだった。そもそも、ここで問題としている「一九七〇年代」に向けて、二十世紀における科学・技術と精神世界の二領域は如何なる相関性にあっただろうか。

あえて蛮勇を振るって要約すれば、こう言えようか。東洋の個的瞑想体験による「非二分性」の実相の把握が、物質と精神のデカルト的西洋の二分主義の伝統を打破して、科学上の新世界観と共振しつつあった、と。

目に見える確たる現実世界よりも、夢まぼろしのごとく朦朧とした――「ホログラフィック」とそれを呼ぶであろう――、かつ、過去から未来への一方的流れとしての物理的時間ではなく、非可逆的なその秩序がひっくりかえった非物理的時間のほうを真実とする世界観との共振、という意味である。

J・B・ラインがデューク大学に超心理学研究所を設立して「偶然」の問題に挑戦したのは、「不確定性」の理論の提唱者ハイゼンベルクがノーベル物理学賞を受賞した一九三二年とほぼ同時期であり、鈴木大拙が『華厳経《けごんきょう》入法界品《にゅうほっかいぼん》』をアメリカで英訳出版して帝釈天網の「相即相入」性を説いた一九三四年は、ジェフリー・チューがハイゼンベルクの「S行列理論」を発展させて宇宙の「ブーツ・ストラップ」（靴ひも）仮説を立てたのと同年であった。その三年後には、ニールス・ボーアが中国を訪問して道教の陰陽思想に共鳴し、「相補性の原理」を提唱している。

一九四八年にヘリゲルの『弓と禅』の翻訳が出て、画家のジョルジュ・ブラックをはじめ西洋の文化界に深い影響を与えたが、その前年にノーベル物理学賞受賞のデニス・ガボールがホログラフィーを発想していた。一九五〇年にはE・ヴェンツ英訳の『易経』が出版され、ユングがこれに序文を寄せて「シンクロニシティ」（意味のある偶然の一致＝共時性）理論を説き、さらに二年後、この原理はノーベル物理学賞受賞のパウリとの共著『自然現象と心の構造』の刊行によって、世界的に普及していった。

こうした四十年間にわたる高度に刺激的な「二領域」の、まさに共時的交叉の結果を受けてのことだったのである――一九六〇年代の世界的「精神世界」の大流行に至ったのは。

それは、日本の禅と禅芸術のヨーロッパへの浸透、アメリカの「ニューエイジ」運動などに表われた「二領域」照応の最初の地球規模のアプローチだった。禅やヨガの修行をとおして、バイオフィードバックによる自律神経のコントロール実験が行われ、精神の「変性意識状態」が確認された。一九五九年には、池見西次郎を会長として日本精神身体医学会が設立され、この面で日本は先端を切った。

イスラム世界も、この世界的潮流に参入する。一九六四年にアンリ・コルバンの『イスラム哲学史』がパリで刊行され、「イマジナル」(原像)の概念が新風を起こした。人間には、後天的に形成される「イマージュ」とは別に先天的に内蔵された「イマジナル」が備わっているとの見かたで、これは、ユング心理学における「アーキタイプ」(元型)の理論と並行して新世界観形成の上に強力な方向づけをもたらした。

死者は生きている、との見かたである。

そして、これが執行草舟の中心思想でもあるのだ。

二十世紀最大の発見について、かねて私は、自然科学においては「DNA」、人文科学においては「元型」と考えてきたが、どちらも超個的生命の持続の容認である点が興味ぶかい。「死が人間を問いはじめた、まさにその時代に、科学が死を問う」(La science interroge la mort, au temps même où la mort commence d'interroger l'homme. マルロー、一九七六年)事態となってきたのだ。そうした潮流の中で、輪廻転生、臨死体験などへの関心が高まり、一九七〇年、三島由紀夫の『豊饒の海』誕生とはなった……

執行祐輔の城ヶ島事件がほぼその結末に位置するところの「一九七〇年代」は、三島がこの畢生の大作で追求した大乗仏教の唯識論における「阿頼耶識」（存在世界の全種子がそこに内蔵されているとする）と、英国物理学者デイヴィッド・ボームの説く意識の「暗在系」基盤の学説とが最接近した時期であった。

一九七九年、スペインのコルドバで開催された「シアンス・エ・コンシアンス」（科学と意識）国際会議でボームは「宇宙の暗在系－明在系と意識」と題する画期的発表を行った。右に略述したごとく、過去半世紀間、人類は「二領域」の接近曲線を模索してきたが、私自身にとっては、この時ほどそれが輝きを放って見えたことはなかった。そのときまで、デカルト的二元性のグリッドにおいては、宇宙に「こころ」を投げ入れることは不可能だった。物質と精神の相互作用というなら、せいぜい、日本でもどこでも、念写かスプーン曲げの段階――超心理学に留まっていた。「見えない次元」、「隠れた領域」があることは感知されてはいた。が、宗教と芸術の面においてだった。「デウス・アプスコンディトゥス」(隠れたる神)——パスカルにとってそうであったように。しかし、ここに、世界の本質は底知れず幾層にも重なった不可見の「総体」(totality)——「暗在系」であり、物質と精神はそこから「亜総体」として「明在系」に顕現してきた二領域であるとの新世界観が生まれたのである。大乗仏教唯識論の世界観と酷似したヴィジョンといえよう。

こう分析的に捉えると、複雑すぎて、通常の感性ではなかなか捉えにくい。しかし、偉大な思想は、どんなに難解に見えても、水晶の結晶軸のごとき明澄な一点があるものだ。ボームは、暗在系学説の提起にあたって、素人目には理解不可能の数式計算ではなく、形而上学を語っている。そこには何よりも詩があった。私を捉えたのはそれで、たとえば次のような箇所である。

……しかし、科学装置のはたらきの蔭に実は未知なる実在《リアリティ》が隠されていて、これについてわれわれは全くの無知なのである。(……)真空中の「零点」運動について、便宜上、これを無視したり繰り入れたりする無定見ぶりが、いまや公然と罷《まか》り通っている。

虚空はかくのごとき厖大なるエネルギーに満たされていて、われわれが物質として認識するごとき存在は、この大海に生じた一つの微細な小波にすぎない。この大海は暗在系中にあって、もともとは時空の中に現れることは皆無である。にもかかわらず、われわれが知っているような空間、時間、ならびに物質から成る宇宙の万物が、この一塵の小波のうちに玲瓏として現れているのだ……。


――デイヴィッド・ボーム『宇宙の暗在系－明在系と意識』

複雑な数式によってしか捉えられない「実在」についてこのように呈されたヴィジョンの美しさに私は打たれ、いつのまにか全文を翻訳しはじめていた。「暗在系－明在系」とは、《inplicate order － explicate order》にほどこした拙訳で、物理学をこえて一時、日本で社会的流行語となった。また、拙訳から点字訳も出版された。ボーム宇宙像は、盲人の想像力をも掻き立てるのだろうか。

最たる形而上学とは、詩である。ポエジーを感じなければ科学に、従って宇宙に橋は架からない。（草舟にとっての武士道が、禅でもある由縁がここに存する。）少なくとも、詩人、芸術家にとってはそうであり、私もその一人になっていた。熱に浮かされたように「コルドバ」の五年後、筑波大学で「科学・技術と精神世界」国際会議を企画実現し、ボーム博士に参加を懇請した。心臓病で不可能と知って、それならばと、秘中策をもって、若き東洋思想研究家、丸山敏秋（倫理研究所 現理事長）をインタビュアーとしてロンドン大学に送りこんだ。秘中策とは、博士の「暗在系」学説は日本的感性に譬えるなら「龍安寺石庭」であると信じて、その写真を特大パネルに仕立てて、博士に見てもらったのだが、一目見るなり、こう返事が返ってきたというのである——

「これは知っているよ。かつて自分の訪日の折、ユカワ（湯川秀樹）が連れていって見せてくれた。あなたの学説はこれだよと云ってね……」

我が直観あやまたざりきと感動した次第である。

「露地《ろじ》」、ということで——。

十五個の巌塊のまわり、白沙に刻まれた波紋は、「地《じ》」、根源からの露《あらわ》れといえよう。波紋は交わり、小波を立て、周囲に広がっていく。小波の一つ一つに庭の全情景が映りこんでいる。湯川秀樹はこう見立てたのではなかろうか——宇宙の基盤である「暗在系の総体」から個々の巌塊が「亜総体の明在系」として地表に露出している。電磁波が無数に繰りひろげられ、それらがホログラフィックに交叉して、その交叉の一つ一つに宇宙の全情報が映し出されている、と。

しかり、このホログラフィック・ヴィジョンこそは、ボーム宇宙観の妙諦であった。その発表から四十年も経った二〇二二年の今日なお、先端コスモロジーの核心と言ってよかろう。「記憶は脳の全体にわたってホログラフィックに記録される」、すなわち脳のどの部分にも全体の情報が『巻きこまれて（暗在化されて）いる」とのカール・プリブラムの学説に共鳴してボームは共同研究に入り、「意識の各瞬間には物質的宇宙の全体に関する情報が少なくとも潜在的に含有されている」との大胆な自説を補強するに至る。

折から来日中のプリブラム博士に会いに、私は、同志の湯浅泰雄、丸山敏秋とともに麗澤大学にまで赴いた。「ホログラフィーは鍵です。それによって一つの世界が開くのです」との言葉が記憶に残った。

現代の宇宙物理学においては、われわれの三次元宇宙はその基盤とする二次元プログラムからの投影であるとする信じがたいヴィジョンにまで至っているが、つとにボームはこの基盤を「暗在系の総体」として捉えていたのだった。そこに存在の種子があり、それらが「ホログラフィックに」明在化してくると見るのだが、それらの種子は動的であるとして、それを「ホロムーヴメント」と呼ぶ。

ここで、われわれ日本人としては、こう思わずにはいられない。それこそは三島由紀夫が『豊饒の海』で提起した究極の宇宙像、阿頼耶識の姿だったのではないか、と。

「唯識三十頌」を引いて言っているのがそれである――「恒《つね》に転ずること、暴流《ぼる》のごとし」と。

滝の元型的イマージュに三島は阿頼耶識を反映させた。『春の雪』冒頭の松枝侯爵邸の九層の滝――阿頼耶識九層のひそみか――から、『奔馬』の大神神社の三光の滝を経て、『暁の寺』で描かれるインドのアジャンタの滝に至るまで、しつこく、繰りかえし、さながら滝の変奏曲とでもいうかのように。

三島由紀夫は『豊饒の海』で小説を書いたのではない。形而上学を書いたのだと考えるゆえんである。ボームが、かの論文で、執拗に、これは我が形而上学であると云っているのと同様に。

阿頼耶識における根源的存在の活動——滝の暴流——とはボームのいうところの「ホロムーヴメント」にほかなるまい。唯識によれば「種子薫習《しゅうじくんじゅう》」ということになるのであろう。そして種子が実って花開く世界はホログラフィックな「幻《マ》花《ヤ》」の世界にほかならないがゆえに、三島はそれを「迷界」と呼んだのであろう……

＊

ボームは暗在系学説を立てるにあたり唯識論を参照したのではないかと思われるほど両者は近似してみえるが、ここではその影響関係を詮索する興味はない。ただ、ボームの暗在系は三島の阿頼耶識と匂い合っている、と言うに留める。この「匂い合っている」という言葉を私は山本健吉が芭蕉の句、《一つ家《や》に遊女も寝たり萩と月》について述べた卓説から借りて云うのだが。芭蕉と遊女が出遭ったからこの句が生まれたのではない。「一つ家」より大きな異空間――萩と月――で出遭ったがゆえに、その照応の場ゆえに生まれたのだというのである。

そのような、何らかの場があった。そのような場において、伊勢内宮の千木のもとでのマルローの「サトリ」があり、同じく伊勢で朝比奈宗源が受けた啓示があり、畏くも「エレミアの悲歌」ならぬ昭和天皇の憂国群詠の始まりがあった。すべて「一九七四年」の出来事である。その五年後、コルドバの、さらに五年後、コルドバを継ぐツクバの「コスモスとこころをむすぶ」国際会議があった。

執行祐輔の城ヶ島事件が起こったのは、このコルドバからツクバへの大いなる知的冒険の途上に当たっていたのである。

直接的交流、ましてや影響関係もなく、しかし、見えない世界と人間の関係を問いなおす点では共通性を持ったこれらの出来事がすべて「一九七〇年代」に起こったことを、単に偶然として片付けるわけにはいかないであろう。「人間は偶然以上の何物かである」とマルローは言った。この何物かが新たな定義をそれに下そうとしていた。そしてこの定義が如何なるものにせよ、もはや、無限の宇宙と人間の新たな関係を考慮せずにはその解はありえないところに文明は到達しようとしていたのである。

城ヶ島の岩礁で失神から覚め、半ば体の浸った海水からよろめき立ったとき、知らずして執行祐輔に課された問い――きわめて重い問いは、これであった。彼を吹き飛ばしたのは、霊性の流れそのものだったのではなかろうか。

＊

中世ヨーロッパの黄金伝説ならいざ知らず、現代においては、かかる出来事が起こるということそのものが異常である。

失恋の痛手と、廉恥《れんち》の情から、意を決して暁闇《ぎょうあん》の海に向かい、作法どおりに伝家の名刀を腹に突き立てんとした刹那、一陣の突風が起こって吹き飛ばされ、岩場に転がった。ようやく態勢を立てなおし、再度、刀を丹田に擬したとき、今度は遥か洋上に真紅の太陽が昇り、その「妖艶な」美しさが眼前いっぱいに迫り、自分と一体化したと思った瞬間、気絶してしまった。

「自己と海と太陽が一体となって」と『おゝポポイ！』で語っている。「永遠というものを眼前に突きつけて来た。本当に、太陽の光子《こうし》が巨大な像と成って見えていたのです。それが最後の記憶でした……」

そのまま気絶し、気がついたときには陽は高く頭上に上がっていた。我が身は、顔の半分を海水に浸けたまま、突っ伏して倒れ、傍らに、刀は落ちていた……

稀有な人生を語った書、『おゝポポイ！』のこの箇所を、私は何度読みかえしたか分からない。

この大著のフィナーレの部分に、続く目黒不動尊での出来事とともに、それは羞《はじら》うかのように付け加えられている。事実、出版社側ではこれらのパーツを掲載することに猛反対だったと著者自身から聞かされた。近来稀に見る波瀾万丈の物語が「オカルト」によって濁されるのを恐れたのであろう。

無理からぬ反対には違いない。『ユング自伝』でも、トインビーの『歴史の研究』でも、それぞれ、実は自分はメディアム、幻視者だったとの告白は、巻の最後に付けたりといったように付加されているにすぎない。世間は、健全なる理性は、非合理を嫌う。歴史と科学は神話を排除しなければならない。

しかし、ヴィジョン優先の霊性的観点から見たならば、朦朧たるこれらの内的体験のほうが真実なのである。人は壮大なピラミッドに目を奪われる。だが、その全マッスは、見えない小さな玄室、その中のミイラから生まれたのだ……。

そのような意味で、城ヶ島事件は私にとって、これぞ「ル・カ・執行」（le cas Shigyô 執行的ケース）の本質とも思われるものだった。付けたりどころか、第一義的重要性を持つところの――。

いったい、あれは何だったのかと草舟は自問し、聞き捨てならない一言をこう述べている。

「太陽の中に入ったというあの日を境として、それ以前の私とそれ以後の私とは別のものになったと、はっきり感じたのである」

変容した、生まれ変わったということである。

短刀を投げだし、荒磯《ありそ》で、半ば海水に浸かってゆらゆらと揺れている死骸のごとき自分を、別の自分が見下ろして立っている……

「太陽との合一」という言葉でしか表現しえない神秘体験を得たことから、彼は、「永遠」という語彙をもちいて深い思考回路へ入っていった。そこには、名状しがたいあの感覚についてその本質を摑みとろうとする必死の、高度の知的模索が偲ばれて、胸を打たれる。「妖艶」という表現にもあったように「合一」の感覚にはエロチックな影がないでもない。マルローは入院中に「壁の上を歩いた」超常体験を持ったことについて「初めての性体験に似た」と回顧している（『ラザロ』）。見神体験と性的絶頂感の類似は、つとに諸家から指摘されていることで、珍しいことではない。「太陽との合一」とそれによる「永遠」の喚起についても、アルチュール・ランボーは《永遠とは海と太陽の交媾《まぐわい》……》と書いていた。さらに芭蕉の《暑き日を海に入れたり最上川》をも思わせると言ったら、不謹慎であろうか。しかし、これら日仏二篇の詩は太陽と海の合体を歌ったもので、我が身との合体を歌ったものではない。希少なのは草舟の例なのだ。

＊

若き草舟の神秘体験について、現在の日本に理解の鍵を見いだすことは困難であろう。おそらく弘法大師にまで遡らなければなるまい。若き空海は、室戸岬で、やはり口中に超越体の飛びこむ体験を持ち、「明星来影す」と『三教指帰《さんごうしいき》』に書き残している。

事ほど左様に、わけても城ヶ島事件は、世界史にもほとんど類例を見ない。詩的直観、ヴィジョンとして最も比すべきは、十九世紀フランス詩人、アルチュール・ランボーではなかろうかと私は考える。ランボーの名は先にも引いたが、特に長編詩「太陽と肉体」(Soleil et Chair) の例を想起せずにいられない。

早熟の天才詩人がこの詩を書いたのは一八七〇年で、祐輔少年が三島由紀夫と邂逅したのと同じ、十六歳の時だった。この邂逅が起こった一九六七年から数えてほぼ百年前で、時間循環論的にも暗示的である。

詩篇「太陽と肉体」は、いわば「脱人間」のマニフェストなのである。

優しみと生命《いのち》のみなもと　太陽は、

灼熱の愛を大地にそそいで恍惚たらしめ……

という太陽讃歌に始まって、

けだし「人間《ロム》」は畢《おわ》った！
「人間」は役割を演じつくした！
Car l'Homme a fini !
L'Homme a joué tous les rôles !

との「人間」断罪へと展開していく。
合理と進歩の過信により神の座を奪ったと豪語する西洋近代のヒューマニズム思想――「人間」――をランボーは真っ向否定し、事ここに至ったキリスト教文明にとっては異端のギリシア・ローマの神々の時代への憧憬を切々と歌いあげる。

おゝ　女神ヴェニュス（ヴィーナス）よ！

われは　古代の青春時代をなつかしむ....
［....］
われは御身《おんみ》を信ず！　御身を信ず！
母神アフロディテを！
別の神が我らを十字架に縛りつけて以来、
路は荒涼となった....

いかに、そして誰が、この「人間」を救うであろうか。
ここで、詩人は、預言者、さらに予言者となる。このように未来の救済者の出現を幻視し、これに呼びかけるからだ。

....そのとき　君は来たりて
「人間」にほどこすであろう——
聖なる贖罪《しょくざい》を。

世界は愛に乾いている。
君、来たりて、宥《なだ》めるであろう。
[……]
だが「人間」は　見るであろうか？
こう言いうるであろうか——われ、信ず、と。
その思想は　夢以上の声を発するであろうか？
いのち短し　生まれは早し、
が、そも「人間」いづくより来たる？

ここで、「君」の一語は、灼熱光を発している。それはランボー自身の到来を告げるとともに、未来のX到来を予告している。Xとは、文明の更新ごとに現れる「荒野に呼ばわる者たち」である。執行草舟は、沙漠を過《よ》ぎるこの列に連なっている。

これは私が言うのではない。草舟自身、それと知らずしてそのような自我像を描いていたのではなかろうか——

われわれは、聖アウグスティヌスと同様に、史上稀な「幸運の時代」を生きている、「新しい神話を書こうとしているのだ」と。

新しい神話を書きうる条件は、古き神話を自身のうちに消化することでなければならない。預言者と、それを継ぐ詩人のみが、その資格を持っている。「一個の詩人が《そして……》と書きはじめるとき、それは前のストロフ（詩節）を受け継ぐのではなく、過去の全時間を受け継ぐのだ」とハイデガーがヘルダーリンを引いて語っていることが思いだされる。執行草舟の死へのダイビング、続く「太陽との合一」は、私的失恋のストロフを受け継いだのではなく、普遍的神話時間を受け継いだ「そして」だったのではなかろうか。

死ではなく、あるいは死をとおしての復活への願望が、太陽との合一の形で、いかに世界の主要神話を形成してきたことであろう。日本では天照大神《あまてらすおおみかみ》と素戔嗚尊《すさのおのみこと》のつながり、エジプトではイシスとオシリスのつながりに顕れているように。嫉妬する弟の企みで殺されたオシリスが復活するのは、豊穣の女神イシスに抱かれてである。自らの人生をオデュッセウス的遍歴とも捉える草舟の、現代では桁外れな生の振幅は、城ヶ島の磯で、昇る太陽を前に、こうした太陽神話の圧縮的時間を激甚に生きたとも言いうるであろう。

生物学において個的発生が種の発生を繰りかえすと言われるように、個の体験が人類体験の凝縮、再現でありうることは、深層心理学が十分に切り啓いて見せてくれたことである。今後、不死、復活が未来文明においてより深く探索されるにつれて、草舟ケースは一層の意義を持つこととなるであろう。

＊

「太陽の日輪の中に入るのは凄《すご》い体験でしたよ」と草舟は述懐し、前述のごとく「太陽の光子」が見えたのだとさえ言っている。これは私に、むしろ、高度のヨガ行者のヴィジョンのごときを想像させる。行者の目には、オーラの中のチャクラの光条が何本か、はっきりと見え、その数は儀軌に定められた仏像の光背のそれとぴたり合っているとか。

神秘、「白昼の神秘体験」には違いない。

が、草舟は、神仏の名号を唱えたりはしていない。彼自身は幼時から「神さまが大好き」人間で、ミッションスクールでキリスト教の教育も受け、失恋の前には造船会社を辞めて聖職に就く準備まで整えていた。日本聖公会の神学校を受験しようとしていたのだ。合一体験を神示と受けとって十字架と法衣《スータン》を身につける道に入るのがむしろ自然の流れだったであろう。だが草舟はそうしなかった。代わって彼が選んだのは、リルケと宇宙物理学を読むことだった。そして両者は、いまや彼の一生の命題となった「永遠」にコンパスを合わせている点において共通だったのである。

それというのも、草舟は、自分の体験が「宗教」以後ではなく、「宗教」以前に位置することを知っていたからにほかならない。唯一、それを定義しうる言葉は「超自然」だった。いまや、科学がそれを探求する時代に入っていたのだ。

『ドゥイノの悲歌』が「腑《ふ》に落ちた」と草舟はインタビュアーに語っている。「非日常の空間を《純粋なる空間》と呼んでいる」点が。「この世と別れることを決意し、人間という時間から離れたいと思った瞬間に行けた場所、《宇宙の果てにある生命の根源》とリルケが言っている場所へ、太陽に突入したあのとき、行ったのではないかと自分では思っているだけです……」

ある「場」が、かくて問題だった。

そしてそのような場は、もはや、詩も物理学も宗教も区別のない、どこかだった。

それこそは、デイヴィッド・ボームが「暗在系の奥処《おくが》」と呼んだ宇宙の秘所なのかもしれない。「啐啄《そったく》の機《き》」あって、そこから、井田《せいでん》の石油のごとく、天に沖《ちゅう》する火柱となって噴出する幽玄物質と、我《われ》とが、邂逅《かいこう》する不可思議が生じた……

この幽玄物質が「太陽」と呼ばれる巨大火球、いっぽう、我とは一塵毛《じんもう》にすぎない差は問題にならない。直接には互いに何の関係もないことも。また、相手が物質であり、我は生命、意識であることも。大事なのは、向こうもこっちも、「暗在系の総体」から明在系中に浮かびでた互いに「亜総体」であることで、もともと共に「巻きこみ巻きこまれた」間柄なのだ。

その隠し子のごとき二兄弟が、東海の岬で相会し、暗在系的パワーの湧出となった。

その瞬間、突風が吹き、一塵毛にすぎない人間は吹き飛ばされた。そのとき、しかし、変容が起こった。「宇宙の果てにある生命の根源」すなわち「暗在系の奥処」から湧出して眼前に立った空間――「純粋空間」が、「日常空間」に入れ替わったのだ。

これは、ボームのいう次の言葉が証《あかし》されたということではなかろうか。

「通常、人は、見える固形の世界が現実で、幽玄なる見えない世界をその抽象形と考えているが、真実は反対なのだ。見える世界のほうが、幽玄世界の抽象形なのである」

鈴木大拙の次の言葉は、さらに深い。

「ふつう、奇蹟というと、人はイエスが水上を歩行するようなことを考えるが、弥陀《みだ》の本願においてはそのようなものではない。宇宙の全構造が一変してしまうのだ」

鎌倉の東慶寺に、私自身、二十八歳ごろ大拙先生をお訪ねしてそうお聞きした言葉が思い浮かぶ。アメリカのビートジェネレーションのある有名作家からの手紙を手にこう言われた。

「ゼンでは、悟れば一個の椅子も金毛の椅子に変ずとのことですが、薬物でトリップしても同様の効果が得られます、と云うんじゃが、しかし、違うんじゃない」

そのときの、ぴんと突きでた眉毛の下の破顔一笑が思いだされる。城ヶ島で執行草舟が得た体験は、この世界構造の一変だったのであろうか。弥陀とは、「光」の意味なのだから。

だが、この場合、「本願」とは何であろう。新たな疑問が課されることとなった。

Ⅴ　第二の奇蹟　目黒不動尊（一九七九年）

「いまは、やけに明るいですね……」

鬱蒼と頭上におおいかぶさる杉木立のもと、五、六十段はあろうか、急な石段を、右手に杖、左手で手摺《てすり》をつかみながらのろのろと昇りきた私を壮大な山門の下で待ちうけたその人が最初に発した言葉が、これだった。

目の前に鶴翼《かくよく》をひろげる朱塗りの楼閣。

日本三大不動尊の一つ、目黒不動尊の大本堂の前に、執行草舟と私は立っているのだった。

「いまは……」とは、この不動尊での怪奇体験を草舟が得た西紀一九七九年から数えて四十三年後の、今年二〇二二年という意味である。時に草舟は、まだ祐輔と名乗る二十九歳の若者だった。城ヶ島で神秘体験を得てから約一ヶ月後に、いかなる奇異な因縁によるものであろう、今度はこの不動尊に日参する祐輔の姿があった。途方もない超自然体験が、新たにここで彼を待っていた。奇譚集ともいうべき自伝の傑作、『おゝポポイ!』の掉尾《とうび》を飾ってその出来事は「城ヶ島」に劣らぬ驚異の霊光を放っている。これは現場で神気を感ずるに如《し》かずと思いつめて、願ってもない草舟その人の案内による探訪に赴いた次第であった。

神異を感ずるにも何も、しかし、いまや「やけに」明るすぎるらしい。

「自分が参籠したときは、ここは素朴な御堂でしたからね」

江戸時代の本堂が焼失し、代わって建てられた仮本堂に祐輔青年は一年間、一日も休まず通いつめたのだった。「偶然にも、この大本堂が落成するまでの数年間だけ存在した御堂に詣でたおかげで、あの不思議に遭遇できたのです」

「偶然」という言葉に感動が滲んでいる。

並んで賽銭箱に小銭を投げ入れ、合掌しつつ私は、しばし黙然と奥の須弥壇《しゅみだん》に見入った。さすが天台密教の秘密荘厳《しょうごん》の空間だけあって、奥深く、灯明に金色まばゆく祭壇が照り映えるなか、左右に虚空蔵菩薩と愛染明王を配し、中央に不動明王像が秘仏として祀られている。ただし、残念なるかな、老いの目に、天蓋の下に一対の法輪を印した秘扉さえも、暗がりの中に朦朧とかすみ、いくら目を凝らしてもそのあたりは見えてこない。同行した草舟コレクションの主席学芸員、安倍三崎さんが撮った写真によって、かろうじて、今宵、確かめているところである。

「目黒不動尊」と書かれた大きな赤提灯《あかちょうちん》のぶらさがった正面から広前《ひろまえ》へと下り、しばし周囲の風景を見回した。ここは、急坂を車で昇りつめてきた山頂に位置し、豁然《かつぜん》と空が広い。十一月初旬の晴れた午後、鳥の啼く声さえ疎《まば》らで、ほかに参詣の人影もない。来る途中、大鳥神社はちょうど祭礼で、あんなにも賑わっていたのにと思い返していると、草舟が近寄ってきて、こう言う。

「僕が来たころは、ここは深い森のなかで、ぽつんと立った仮本堂に辿り着くのは恐い感じでしたよ」

「そこへ、一年も通われた……」

そうまでこの人を駆り立てたものは何だったのであろう。

生来の並外れた知的好奇心から、城ヶ島での超自然体験は、執行祐輔に、神秘と科学の両面から独自の形而上学を構築させつつあった。しかも、考えるより先に動いている。目眩《めくる》めく日輪の光箭《こうせん》に体中を射られて失神してから二年目に、勤務先の三崎船舶と目白の実家から、寸時の猶予を見いだしては車を飛ばして、ここまで日参を欠かさなかった。時には台風豪雨を衝いての強行軍で、車一台、オートバイ二台を「おしゃかにした……」

「厳寒の真冬にも水垢離《みずごり》を取って参籠しました。ほら、石段の昇り口に小屋があったでしょう。あそこで着替えて、かたわらの滝に打たれたのです。当時は水量が豊富でしたが、いまはほとんど枯れてしまって……」

たしかに、見上げる高い石段の手前でたじろぐ私の斜め左に、ここだけは江戸期の名残りとさえ見える古風な黒塗りの小屋が二、三軒並んで建っていた。参道に沿って疏水も流れている。枯れたりといえども、当山開基の慈覚大師が見いだした「独鈷《とっこ》の滝」の、あらたかな流れである。ここで身を浄め、白衣をまとい、石段を昇って梵堂《ぼんどう》へと急ぐ、ひたむきな若き求道者の姿を目に見るようだ。

仮本堂とはいえ、当時は、そこは、深夜ともなれば、外灯ひとつに照らされた、森々たる暗がりの掘立小屋にすぎなかった。本建築用の木材が散らばるなか、梢から洩れる恐ろしいばかりの月影に浮かびでた堂に入れば、本尊を祀る御簾《みす》が朧と見えた。その前で青年は坐禅立禅を各十五分、毎日続けた。さて、まる一年経った一九七九年十二月三十一日、満願の日に、御簾の中から何物かが顕れてきたのだ……

「奥のほうから」と言いながら執行草舟は目の前の現実の堂々たる本堂の祭壇を指さした。そのままの姿勢で、ふたたびそこへ近寄っていく。釣られて私も、二歩、三歩……。と、いつのまにか、荘厳な大伽藍は消え、幻の草堂の前に私はたたずんでいた。

十二月三十一日の未明二時、堂内に、浄衣を着て、ひとり立禅読経する若者のまえに、御簾の中から顕れた物体は、鉄の固まりのように真っ黒で、それがそろそろと近づいてくる。恐怖で背筋は凍りついた。錯覚かと目を凝らしたが、そうではない。

「左側の白壁にそのものの影がちゃんと映っていましたからね。右上の後方に外灯《とも》が点っていて、そこから光が投げられていましたから……」

物怪《もののけ》は、なおも躙《にじ》り寄り、なんと、青年の口中に飛びこんだ！

瞬間、えらい衝撃で、彼の体は吹っ飛び、うしろの階段を真っ逆さまに転げ落ちた。

「当時は階段は三段でした」という草舟の声に、幻影は消え、金色燦然《こんじきさんぜん》たる現在の大本堂のまえにたたずむ自分を私は見いだした。見れば、現在の階段は、権威を一段より高めるかのように七、八段あり、急勾配で迫《せ》り上がっている。

「何が起こったのかも分からず、そのまま気を失っていました……」

深夜、真冬の森なかの荒屋《あばらや》のまえに、経帷子《きょうかたびら》のごとき白装束の若者の横たわる姿は消えて、晩秋の陽光を受けて佇立《ちょりつ》する初老紳士の、広い額《ひたい》のもとのほほえみがあった。

まことに、歳月は無い。

道元禅師のいうごとく、「過去は飛去《ひこ》せず」、時間は、万里一条、一続《ひとつづ》きである。驚異の神秘体験は、いま現に、こうしてこの人に生きている。

あのあと、祐輔青年は、失神から我に返ると、オートバイは捨てて、タクシーで辛うじて実家に辿り着いたという。

それから、執行草舟の人生独自の後半プロセスが始まった。前段として、途方もない体験を承けての、これまた非凡の人々による救済である。そして、仲を取りもつ「頼みの綱のおふくろさん」があった。つまり、善財童子を救う菩薩と女菩薩とが。こたびは、暗黒物質の直撃を受けて、事もあろうに童子の睾丸《こうがん》が見る見る腫れあがるという奇病に見舞われた、四十二度の高熱を発して危殆《きたい》に瀕した一命を、母刀自《ははとじ》の機転のおかげで、またも危うく救われるのである。三歳児の時の「栗きんとん鍋」事件をほうふつさせる機敏さで、当時の泌尿器科の世界的権威で昭和天皇の侍医をもつとめた逓信病院長の土屋文雄先生のもとに愛息を送って、事なきを得た。

もっとも、その間に、笑えぬ悲喜劇もあったが。最初、慌てて祐輔が飛び込んだ大学病院では、このままでは患部は壊死《えし》する、即刻入院切断手術と診断され、夫子《ふうし》、まっさおになって逃げだす一幕もあったからである。まだ結婚もしていない身なのにとんでもないと回顧するところが、何とも可笑しい。目黒から目白への韋駄天走り《いだてんばし》で目を白黒と、駄洒落《だじゃれ》のひとことも言いたくなるが、生き死にを賭けた当人はそれどころではなかった。

聞き逃しがたいのは、時に、前述の土屋文雄先生が下した診断である。原因は「電磁波の束《たば》の衝撃波」による睾丸炎だというのであった。「雷に打たれる以外はほとんどなることはない症状」とも言われた。

こう聞いて祐輔は、「霊体というのはやはり電磁波だったんだな」と考える。自分の存在自体が「絶対負」そのものなのだ！　その謎を解かずば止《や》まじと、持ち前の好奇心が又もむらむらと燃えあがってきた。

そのとき執行祐輔が「霊体」と呼んだエンティティ（基質）と、ここに祀られた不動尊とは、どんな関係にあるのだろうと、出来事を想起しながら私は改めて本堂の奥を覗《のぞ》きこんだ。密教空間独自の、厳飾《ごんじき》まぶしい祭壇の、秘仏を守って閉ざされた扉の前に、火焔《かえん》を背負って、一剣を擬して立つ一体の尊像がぼんやりと見える。秘仏の姿もあのようなのだろうか。

「御本尊の六十年に一度の御開帳が、ここでの事件から五、六年後にありましてね、そのとき見たのですが」と草舟は答える。「私の口に入った塊とまったく同じ感覚のもので、真っ黒でした……」

とすれば、彼が幻視した物怪とぴったり合う。いったい、あれは何物だったのか……

すると、「お見せしたいものがあります」と言いながら草舟は、本堂の回廊を先に立って回りはじめた。

あとに続いて堂の裏手に出た。と、亭々たる木々のなか、まったく思いがけず、威容あたりを払うばかりの大日如来像が鎮座していたのだった。金色の円形光背に囲まれ、蓮華の上にどっしりと趺坐《ふざ》を組んだ巨像が。異とすべきは、黒光りする顔容をはじめ、両手、胴体から脚部、蓮華に至るまで、すべて暗々たる黒色銅製であることだった。しかも、その巨体が、閉ざされた室内にあらず、四本の細身の柱に支えられた屋根のもと、吹き抜けの空間に端坐し、背後、左右を木々の緑に囲まれ、さらにその隙間から青空が透けて見えるのだ。

日本的感性は背後に壁面をくっつけることを好まない。磨崖仏《まがいぶつ》など、アジアの重苦しい浮彫《うきぼり》の中で日本彫刻だけが唯一の軽やかな自由を表しているとマルローは喝破《かっぱ》したが、まさしくそれを地で行くごとき大日如来像の傑作である。

すると、草舟が思いがけない一言を口にした。

「ごらんください」と、大日如来像の背後になだらかに盛りあがる小丘を指さして、「あれは縄文時代の集落の遺構なのですよ」と言ったのだ。

その瞬間、私には閃くものがあった。

そうか、あの墳丘《ふんきゅう》が「霊体」の大本《おおもと》だったのではあるまいか、と――。

大本、根源、である。

縄文遺構ということは、見れば、なるほど、その場のボードにも記されている。

だが、「目黒不動尊縁起」には記載されていただろうか。そう考えて、手にした当山発行の案内書に視線を落としたが、そこには記載がない。それによれば、そもそも目黒不動尊の由来とはざっとこのようである――

時は平安時代、西暦八〇八年に、十五歳の少年、のちの慈覚大師円仁《えんにん》が、京都の比叡山に修行に赴く途中で、ここ目黒の地に立ち寄った。その夜、色《いろ》青黒く、恐ろしい形相《ぎょうそう》の神人《しんじん》が夢枕に立った。右手に剣をかかげた姿で申されるよう、

「われ、この地に伏魔護国《ふくまごこく》をもたらさん。われを渇仰《かつごう》する者は所願成就を得ん」

と。目覚めて少年はその尊容を自ら彫刻して安置し、それが秘仏不動尊となった。

のちに入唐した円仁は、長安の青龍寺に詣でて、その不動明王像を拝し、これが先の夢応の原像であったと悟り、帰国後、目黒に泰叡山瀧泉寺を建立した。その本尊として祀ったのがこの不動尊である、うんぬん……

慈覚大師円仁といえば、その著『大唐求法巡礼行記』はフランス語にも訳され

て世界的評価を得たほどの大徳《だいとこ》である。それほどの方のヴィジョンにもとづくものなるがゆえに霊験あらたかならざるはずがない——そう考えて、目黒不動尊の有難さを改めて噛みしめる思いでいると、草舟の声にわれわれに返った。

「ここには西郷隆盛も東郷元帥も祈願に訪れています。きっと、この大日如来像をも拝したことでしょう」

本堂の不動明王像と大日如来像と縄文遺跡が直列をなしている……と、私はなおもその構図の意味を漠然と考えていた。一年の満願成就の日に若きこの人の口中に飛びこんだ「黒い物体」は、そのいづこから来たのであろうか。また、それは、どんな意味を持つものであったか。

私は、こう応ずるのが精いっぱいだった。

「西郷、東郷といった救国の大英雄を引きつけるだけの理由が、ここにはあったということですね」

あとは言葉もなく、一行三人は、聖なる軸線上のかなた、縄文一万年の夢の眠る墳丘の空にゆっくり傾いていく秋の日の光映《こうよう》を、しばし言葉もなく視つめていた。

Ⅵ　宇宙的霊性と試練

目黒不動尊で顕現したものの正体が何であったかは、謎である。

しかし、その後、この命がけの求道者の身に起こった出来事を思うと、古い言葉でいう「加護」を考えないわけにはいかない。それらの連続性は、すべて、大吉事だったからである。

不幸、悲哀の極みもあった。結婚早々に新妻を亡くしたような。が、その大凶をも、福とは呼びえないまでも、別の何物かに転ぜしめる活眼を若者は得ていたのである。

執行祐輔を執行草舟に転ぜしめたプロセスを追いながら――「草舟」と号したのは目黒事件から約二十年後のことだが――私の頭にしばしば浮かんだのは、宮本武蔵の例だった。生涯に六十余たびの決闘と戦闘であまたの流血を見たあの剣客が、最後は『五輪書』の結語で「空《くう》は善なり」と言い切っている。参禅を契機に武人武蔵から画人武蔵へと転身する間に何かが起こったのだ。「宮本武蔵」から「宮本二天」へと転ずる間に、何かを彼は見た。二天の最高傑作、「蘆雁図《ろがんず》」の中心は、首を長くして待つ子雁の群れに餌を喰わえて帰る母雁の姿である。画家は、ここで、世界の根源は愛であることを描いている。

武蔵ゆかりでもう一つ例証を挙げれば、観音像がある。最晩年、死を決して霊巌洞に籠り、『五輪書』を書くにあたって武蔵は、自ら観音様を彫り、朝夕、これを礼拝して執筆を鼓舞している。同書冒頭に「儒語《じゅご》仏語《ぶつご》をも借《か》らず」と断っているにもかかわらず、である。

参禅し、観音像を拝したからといって、しかし宮本武蔵は仏門に入ったわけではなかった。飽くまでも武人でありつつ、しかし、霊性に入ったのだ。そしてそのゆえにこそ、「代表的日本人」の一人と成りえたのである。

武蔵ということで、つい力こぶが入ったが、（私は草舟と同じく『葉隠』礼讃者で、その著者山本常朝の墓参に始まって武蔵・小次郎の決闘の場、舟島まで、自ら名づけた「武士道コース」を旅したことがある）草舟と武蔵の人生の軌跡にパラレルなものを感ずるからにほかならない。両者共に「荒ぶる神」的の前半生から、何らかの悟達をきっかけに霊性へと入っていった。

そして、ひとたび、霊性に入るや、運命の変貌は即発的である。間髪《かんはつ》を容《い》れずに、それは起こる。

二十九歳の年の大みそかに目黒不動尊で「電磁波症候群」ともいうべき奇病に取りつかれ、明けて正月三箇日《さんがにち》を苦悶のうちに過ごした祐輔の身に、いかにして運命の回転は起こったかと考えると、奇妙な連想ながら、私は、能の「邯鄲《かんたん》」を思わずにいられない。盧生《ろせい》と名乗る若き道士が、求道の旅の途中、邯鄲の里で宿を取り、音に聞く「夢の枕」で午睡する。と、たちどころに異変が起こるのだ。能「邯鄲」を私はいつどこで見たのか覚えがない。留学前、二十歳代の時だったとは思うが。忘れられないのは、盧生が寝台に見立てた一畳台に身を横たえ、不思議の枕に頭を乗せるや否や、間髪を容れずに橋掛かりに吉兆が顕れるという演出の見事さである。それは、楚の国の帝位を彼に譲りたいという勅使の行列であった。信じられないまま、まさに玉の輿に乗り、金殿玉楼で五十年間を過ごしたと思いきや、宿の主人の声に目覚めれば全ては須臾《しゅゆ》のまどろみの間に見た一場の夢まぼろしにすぎなかったという周知の伝説だが、現実から夢幻へと瞬間的に切り替わる作劇術の見事さに若き私は心を奪われた。そして、そのときの驚きを半世紀あまりのあいだ保ちつづけてきた。そのことを、執行祐輔の運命の切り替わりにありありと思いだしたのである。

まるまる一年間の苦行は、男子の男子たるの器官の壊疽《えそ》死寸前という危機をもって終わった。これに絶望する道士祐輔の苦悶の三日間は、鯨に呑みこまれてその腹中の熱気で身体がぼろぼろになったという聖書ヨナ記の義人の三年間をも思いださせるほどである。しかし、苦悶の三日間が過ぎるや、たちまちにその翌日、吉報が舞いこんだという展開に、邯鄲の夢の故事を思いだした次第である。

その吉報とは、見合いの写真が届いたことだった。見合いと言うならそれまでに十数回も重ねてきている。ところが、毎回、お相手の女性は、世辞《せじ》の一つも出るどころか、滔々《とうとう》と武士道論をまくしたてる変人ぶりにへきえきして、翌朝九時には待ちかねたように結婚辞退の電話をかけてよこす事態の繰りかえしだった。ところが、今度という今度は、なぜか一目で合意という大変化だったのである。

執行草舟の人生を大観すると、すべて、「われに七難八苦を与え給え」と三日月に祈ったという山中鹿之助の故事を思わせるところがある。常人の何倍もの運命の加重、時間凝縮といったものを、この人は生きてきたな、と。ともあれ、祐輔も人の子、学習院大学出の和風美人、『源氏物語』専攻の俊秀、充子《あつこ》嬢を妻に迎え、ついに幸福の絶頂を味わったかと思いきや、それもわずか二年二ヶ月しか続かなかった。新妻は妊娠中に乳癌に冒《おか》され、出産をあきらめて生きるか、胎児に自らのいのちをゆずるかの岐路に立たされた。そして闘病六ヶ月の末、卒然として後者を選んだのである。ほほえみをもって——。愛とは、いのちの継承以外の何であろうか。産褥《さんじょく》に死んだ妻の亡骸《なきがら》のかたわらに呱々《ここ》の声を上げる嬰児《みどりご》、娘真由美《まゆみ》を抱いて、祐輔は涙とともに誓った。

死より来たる、死よりも強い何物かを俺は生きるのだ、と。

聖数三十三年の歳月が過ぎ、忘れじの『源氏物語』草紙を手に、往年《こぞ》の光を偲んで追悼の辞が流れる。

……毎日、君は死んで行った。だからこそ、私は生き続けることが出来たに違いない。

……君は永遠に若々しい。私は日ごとに、この世のおきてに従って老い続けている。しかし、私は老い続けていく実感が無いのだ。それは、多分、君と共に歩んでいるからに違いない。……「源氏」の恋は、死者と共に歩む恋である。宇宙の涯てに向かって呻吟する恋……

……「源氏」を語りながら、君は王朝のみやびをまねて、桜を黒髪にさしたのだ。その美しさは私をいつまでも幸福にしてくれる……

——執行草舟「執行充子へ捧げる三十三回忌の辞」二〇一五年

「目黒不動尊の御利益」と、後に回顧して草舟は言っている。そうでないはずがあろうか。

邯鄲の夢の枕に伏す盧生さながらに、神変不可思議《じんぺんふかしき》の「暗黒物質」の顕現を見たその直後に勅使ならぬ華燭《かしょく》の吉報を受けて、祐輔青年の人生は一変した。その後の華麗な転身が、高速度撮影の映像を見るように、ゆっくりと、いま、われわれの眼前を過ぎていく。

——新妻の死に慟哭《どうこく》し、まなじりを決して蹶起《けっき》を誓う姿……

――不幸の極から、むしろ宇宙と生命の本質は無なりと開悟して、背広を白衣に着替え、暗黒流体的な下支えとも呼ぶべき粘菌を顕微鏡下に覗く姿……

――バイオテック株式会社、ついで日本生物科学株式会社を設立し……

――武士道こそ「絶対負」の生きかたの象徴と仰ぎ、吉田松陰の草莽崛起《そうもうくっき》の思想を鑑として、「草舟」と号し……

――在スペイン孤高の画家、戸嶋靖昌《としまやすまさ》の芸術を発見、心酔して交流、その作品八百点を収集して戸嶋記念館を設立……

――独立不羈のスペイン共和派思想家、ミゲール・デ・ウナムーノの著書『ベラスケスのキリスト』を監訳刊行、ウナムーノの生地サラマンカの大学と東京のスペイン大使館をむすんで戸嶋靖昌展とウナムーノ展を主宰して、日西文化交流に新風をもたらし……

――禅精神への深い共鳴から禅画・墨蹟と、これと呼応する現代絵画・彫刻を草舟コレクションに加え、さらには禅文化に関する端倪すべからざる知識をもって円覚寺管長、横田南嶺老師をも瞠目せしめ……

――その間、『生くる』、『友よ』から、『根源へ』、『憂国の芸術』を経て『超葉隠論』、『人生のロゴス』に至るまで、二十数冊に及ぶ浩瀚《こうかん》なる著書の出版によって独創的思想家としての声名を馳せ……

というふうに八面六臂《はちめんろっぴ》の活躍ぶりで、すべてこれ、愛妻の面影を胸に月明に誓った三十三歳から今年二〇二二年の七十二歳までの四十年間に、一瀉千里に駆け抜けた人生の精華であった。

自ら王国を截《き》り取った人の「エスパス執行」が、ここに屹立した。禅林で言うところの「赤肉団上《しゃくにくだんじょう》」に呻吟した一居士《こじ》が、大悟して築いた王城である。東京は麹町の一角に、実業階、芸術階、知識階の三層を擁してそそり立つ白亜直方体の会社はあり、その知識階の、天下の典籍をちりばめたライブラリーに作家草舟の浄机《じょうき》はあり、その頭上の壁面に、三島由紀夫より贈られた「夏日烈烈」の書を掲げた神聖空間はあり、初めてそこに迎え入れられたときには、老生は、充満する清新の気にただただ眩暈《めまい》する思いだった。

しかし、それだけに、歌舞伎の回り舞台さながらに運命の好転をもたらした目黒不動尊の奇蹟が、なお気になった。「破れ」と、草舟自身はそれを名づけている。愛妻の早逝は、それによって誕生した嬰児がなければ又も死へと彼を駆り立てたほどの絶望を引き起こした。しかし彼はそれに耐えた。のみならず、負力《ふりょく》とを自己を同化せしめることによって逆境を妙境に転ぜしめる復活力をすでに身に付けていた。折しも刊行された『内村鑑三全集』全四十巻を読破するなど——かつて初恋を失った傷手をトインビーの『歴史の研究』全巻を失明に至るほど耽読して乗りこえたように——人並みはずれた努力の傾注によってではあろうけれど、それにしても、城ヶ島の二年後に体験した次なる怪事件と、その後の実生活とがどのように絡み合って展開していったかが、私にとっては気になるところだった。

こうした好奇心は、私自身、若くして詩を書くことで見えない世界になじんできたことと無縁ではないのかもしれない。そこから、後年、美術研究においても、見えるフォルムそのものよりも、いかにしてそれが見えない世界から生まれたかを知ることのほうに関心が傾いていった。

そんな自分の癖《へき》の上からも思うに、祐輔青年の目黒不動尊事件は、中世の寺社《じしゃ》縁起譚《えんぎたん》でしかお目にかかれないような、現代においてはまことに稀なる出来事と言わざるをえない。いったいそれはどういう意味を持つものであろうかと考えているうちに、その時まで執行祐輔が過ごしてきた三十三年間の壮絶な人生そのものが、ヘルメス学錬金術でいうところの「オプス」(作業)のプロセスのように思えてきたのである。そしてこう思った。城ヶ島から目黒へと二事件を併せて、これは「オプスの大業の成就」とも呼ぶべき幽事の傑作ではなかろうか、と。

何よりも、一年間にわたる日参の末、満願成就の日に、仮本堂の御簾の中から「黒い物体」が顕現したという怪事に、そう感じさせられた。錬金術オプスにおける「黒化」現象に当たると思われたからである。

斯道《しどう》に通じた人ならば周知のとおり、錬金術オプスは、「黒化―白化―緑化―赤化(または金化)」の四段階より成る。緑化は無視して三段階とするのが普通だが。そもそも錬金術とは、その名のとおり黄金《きん》を作る秘術として伝えられ、また実際に黄金が出来たとまことしやかに言い触らす伝説もあるものの――もちろん完全に無いとは言い切れない――その真義は、禅の行道《ぎょうどう》と同様に、啓示を得ることを真の目的としていると言いうるであろう。ただし、飽くまでも「物」と所作をとおしてそれを得ようとする。錬金術師は、相交わらざる水銀と硫黄(水と火）の二物質を壺中《こちゅう》に入れ、何十日間もの間、複雑な行程でそれを炉にかけて、その混合から「黄金」を得ようとする……とは、実は表向きの説明で、このオプスをつうじて心に黄金を、つまり「サトリ」を得ようとしたと、私は見るのである。

こうしたプロセスは、錬金術の秘伝書に、しばしばフラスコ瓶のごとき透明な壺中の変化をもって描かれてきた。その第一段階が「ニグレド」(nigredo)、すなわち「黒化」にほかならない。そのとき、瓶の中は真っ黒になる。錬金術絵画とも呼ぶべき余り知られていないジャンルがあり、ヒエロニムス・ボスの「快楽の園」などはその代表作の一つだが、そこに描かれた奇妙な黒い壺中の光景はまさに「ニグレド」の状態にほかならないものである。

ヘルメス学的に見れば、祐輔青年が目撃して合体した「真っ黒な物」とは、「金化」に至る途上の「ニグレド」の様態と言えるであろう。

ということは、取りもなおさず、大吉であった。なぜなら、錬金術オプスの過程において、「黒化」現象に至るまでが一番に長い困難なプロセスで、ひとたび「黒化」が生ずれば、「白化」、さらに「金化」は約束されたも同然だからである。

それにしても、執行祐輔にとって、「黒化」こと、暗黒物質の顕現を見るまでの三百六十五日たるや、大変な苦行だった。ただし、大局的に見れば、「目黒」に先立つ「城ヶ島」での体験によって「金化」は先取りされていたとも見うるのである。そこで起こった「太陽との合一」は、錬金術図像学において「太陽の光輝」(Splendor Solis)と呼ばれるものに匹敵する。七彩の虹、豪華絢爛《ごうかけんらん》の孔雀《くじゃく》の開帳などの図をもって、しばしば古書に示されている。のちに草舟自身が述懐するごとく、この「太陽の光輝」に一身が溶けこんだ――それこそ「金化」に達した――ことの意味について、その「研究を命がけでやるとの決意を固める上で目黒不動尊に一年間日参した」(『おゝポポイ!』)というのであるから、まことに常人の業ではない。

さらに穿《うが》って、こうも言えようか。

三歳で「栗きんとん鍋」をひっくり返して大やけどを負ったときから、目黒で一年間参籠するまでの半生期間――まことに意義ぶかい二十七年間――は、その全体が「黒化」に至るまでの試練期間であった、と。

執行草舟は、この意味で、ヘルメス学において最大の敬意をこめて称される

「オプスの大成者」になったと、私には思われるゆえんである。
あるいは、西洋のエゾテリスム（秘教）において「秘儀伝受者《イニシエ》」（l'initié）と呼ばれる人になった、と。

以上は西洋に範を取っての見かたであるが、日本ではどうであろうか。
そもそも不動明王は大日如来の使者とされ、火焔《かえん》を背負って水中に立つ姿で表されるとおり、水火の融合による非二分性の達成という意味で、東西ミスティシスムは一致を見ているのではなかろうか。

執行祐輔は、寒中、水垢離《みずごり》を取って火中に飛びこむも同然の荒行を続けた。感電しないはずがない。事実、「電磁波症候群」と名医に診断されている。これは不動尊の功徳の科学的別名かもしれないのである。下山した祐輔を見た人の中には、彼の背後に炎の立つさまを見た人もあったと伝えられている。

重要なことは、城ヶ島で、続いて目黒不動尊で、祐輔が、己が身をいったん死んだ人間として自覚したことである。どちらでも、彼は、測りがたい超自然的息吹によって吹き飛ばされ、意識を失い、「陶酔」の極を味わっている。そのとき、青年の中で「時間の不可逆性」は崩壊したのだ！「人間の時の中に陶酔の萌芽がひそんでいる」との三島由紀夫の託宣はこれではなかろうか。

この沈黙、黒化、ついで召命（invocation）なくして執行草舟その人は生まれなかった。草舟思想と、その壮大な展開は、実に未知なるこの一点より発している。

「絶点」、「絶対負」と、「絶＝アプソルート」の賓詞《ひんし》を冠して名づけたことに、不動の一点が顕れていよう。しかして、のちの草舟は、この一点の意味について、生来の旺盛なる知的好奇心の触手をもって普遍的にまさぐり、ヘルメス学の用語をもってみずから「ピュトレファクション」（腐敗作用）と呼ぶに至る。腐敗、すなわち黒化であり、いったん死して甦る復活の秘義を彼はつかんだのだ。

西洋錬金術の面白いところは、このような「黒化＝腐敗」を経て魂の達する再生の状態を、「哲学の石」などと名づけていること、すなわち、飽くまでも物質的精神にこだわっていることである。人間的魂を、物質に対立せしめるのではなく、物質をとおして、物質と一なるものとして透視しようとする。錬金術図像学では、しばしば、蛇が己の尻尾《しっぽ》を噛んで丸くなる図形を示し、これを「ウロボロス」と呼ぶ。このとぐろの真ん中に卵のごとき形態を置いて、これを「哲学の石」と名づけている。

目黒不動尊で満願吉日に祐輔青年の前に顕現した「真っ黒な物体」とは、ヘルメス学的に見れば、この「石＝ラピス」なのであろう。東洋の図像学においても、龍は玉を抱いた姿で表される。いみじくも青年は「鉄のように真っ黒な」と形容している。西洋ではラピス、東洋では玉なのだ。いずれにせよ、時至って「オプス」が完了し、伏龍昇天の転機となることを、彼は啓示されたに違いない。

＊

いったんは腐敗しようとも、朽ちようとも、いや、腐朽《ふきゅう》あればこそ復活もありうるとの根源的ヴィジョンから、東洋では黒龍図が生まれた。その極めて戦慄的一造形に私は接したことがある。

伊豆山の興亜観音で、それを見た。

こんにち、どれほどの日本人がこの名を憶えているだろうか。東京裁判で虚構の「南京大虐殺」の汚名を着せられて処刑された松井岩根《いわね》大将が、敵味方の別なく戦死者の慰霊を発願して建立した観音像である。ここに、東條英機をはじめ松井大将を含む謂わゆる「A級戦犯」七士の遺骨がひっそりと収められている。遺骨は、処刑後に米軍が秘密裡に某所に遺棄したことを、勇気ある篤志家が突きとめて、一部を奪いかえして葬ったと伝えられている。過激派に二度の襲撃を受けたが、危うく難を免れた。

あるとき私は、急勾配の山道を昇って興亜観音を参拝したが、質素な仏堂の天井画を見て衝撃を喫した。実に雄勁《ゆうけい》なる筆致で黒龍が蟠蜿《ばんえん》するさまが描かれていたのである。記憶に間違いなければ、堂本印象筆とのことだった。

堂本印象といえば日本画の超大家である。浅学にして私は仔細を存ぜぬが、戦犯と聞くだけで顔をそむける当時の風潮の中で、ましてや日本悪の権化として極刑に処された七人の戦争指導者を祀る廟堂で意味深長の黒龍図を描くとは、只事ではない。よくよくの覚悟あってのことと察せられた。七士の死は無駄ならず、日本復活の礎とならんことをと祈念しての制作に違いないと想像して、尊敬の念を深めた。
ねんごろに案内してくれた堂守りの女性の献身ぶりも、忘れがたい。松井大将が直《じ》きじきに指名した三姉妹か二姉妹かの一人という。その女性が言うのだった。正面、御簾の左側の壁に貼った一枚の小さなセピア色の写真を指さして、ご覧さい、あれは、巣鴨刑務所の絞首台が撤去された跡地を撮ったものですが、何も映っていなかった屏の上に、ああして、だんだんと人々の姿が浮かんできたのです……

堂本印象については後日談がある。執行草舟とかかわりがあるので、ひとこと付け加えておきたい。戦後、アンフォルメル・アートの旗手として世界的名声を馳せた美術批評家、ミシェル・タピエが来日したときのこと、堂本印象を訪ねて意気投合した。二人が手を握って立つ写真が残っている。ここから日本画の巨匠はタピエの推薦により「インショー」の名で抽象画家としてヨーロッパで変身するに至ったが、東京での二人の邂逅の折に堂本印象は、「これは日本の大政治家の書です」と言って、西郷隆盛の一軸をタピエに献じた。のちに私はこの書をタピエ亡きあとに同家で発見して譲り受け、当時、自分が総指揮をとっていたナポレオンのフォンテーヌブロー城での日本文化祭に出陳した。その後、東京の倫理研究所にこれを収め、同研究所の丸山敏秋理事長から執行草舟コレクションへ寄贈されて今日に至っている。

＊

こうして、長い夢から醒めたように、三十三歳を境に執行祐輔が後の執行草舟となる道が啓かれた。

草舟自身は、この覚醒した自己について、「大宇宙と照応する小宇宙としての人間」というヘルメス学的意味をこめて「原人間」と呼んでいる。「太陽との合一」、続いて「真っ黒な物体の顕現」とは、いったい何だったのかと自問し、特に宇宙物理学と西洋ミスティシスムの両面から熟考を重ねた。

日本人思想家の中では、草舟は、前記のごとく内村鑑三から最大の影響を受けた模様である。たしかに、鑑三のキリスト教信仰の中心には、宇宙があった。十字架に象徴される愛と犠牲の顕れとしての宇宙であり、この根源的ヴィジョンを草舟は鑑三から継承したかにみえる。たとえば、四十五歳の鑑三が表明した次のごとき思想である。

「宇宙は皆一体なり。宇宙の保全、これを愛と称す」

「犠牲は宇宙の中心なり。……十字架を解する者は宇宙を解す」

精神病理学者だった鑑三の息子が書きとめた辞世にも、「宇宙、万物、人生、悉《ことごと》く可なり。人類の幸福と、日本の隆盛と、宇宙の完成を祈る」とあって、最後の最後まで鑑三には「宇宙」が付きまとっていた。

執行草舟の宇宙観も、本質的にはこれと径庭はないと見てよかろう。

近著『脱人間論』で草舟は言う。

「宇宙の意志（神）と人間の原点を取り戻すことが必要である」

「愛の認識という宇宙的使命から出発しなければならない」

「人類文明は宇宙の投影図である……」

内村鑑三の「無教会主義」とは、いまにして思えば、もはや宗教ではなく霊性の時代が到来することの先触れであった。人間が生まれ変わるには、教会の教義ではなく、宇宙的霊性の息吹に浴《ゆあ》みすることが必要と見た。執行草舟も同様である。ただし、霊性をエネルギーとして、それも負のエネルギーとして実感することにおいて、草舟は先を行く。日本的霊性の極は武士道にありと見る点では草舟は鑑三の弟子であった。武士道の復興こそは我が使命なりとして、そのエスプリを鼓吹することで実業界に新風を鼓吹したが、武士道精神を道徳的原理として説くのではなく、宇宙エネルギーとして主張することにおいて、独歩の道を切り啓いた。

しかも、二度の命がけの神秘体験をつうじて、ヴィジョン優先、それを惹き起こす行動優先の姿勢を取り、ここから、素朴な原点回帰の地点に立ったことが、限りなく意義ぶかい。

この原点とは、仮面をかなぐり捨てて、死の面前に立つということだった。

そもそも、このように一回性の生を問い、それに答えることから諸宗教は発生したのではなかったか。時とともにそこから壮麗なる大伽藍が建立され、いまや文化遺産として讃美されるに至ったが、もはや信仰の場ではない。しかし、最初の小さな祠《ほこら》が作られたときには、しばしば名もなき里人《さとびと》が野原の一隅に神霊の顕現を見たことなどがきっかけであった。私は、こうした起源に興味を持って、晩年の一時期、伊・仏の名高いマリア顕現地の跡を回り歩いたことがあった。それらの地にそびえる大聖堂が多くは頑是《がんぜ》ない子供たちの幻視から始まったと知って、深い感銘を覚えた。幻視優先と呼ぶゆえんである。

このような事情は、本質的には日本においても異ならない。マルローが熊野の新宮を訪ねたときのことが思いだされる。特別御開帳と称して宮司から御神体と称する異形の儒教的男女像を恭々しく見せられたが、こんなものが御神体のはずがないとマルローは一蹴した。むしろ、一個の巌塊とか、そういった類のものが本当のエンティティに違いない、と。これを傍で聞いていた案内役の郷土史家が舌を巻いて、わしはマルローさんの言うとおりだと思うねと言った。「後ろ山」に一尺ほどの赤茶けた火山岩がありましてな、それがここでの信仰の起源なのです、と言うのだった。

祐輔青年の前に顕現した暗黒物質も同様だったのではあるまいか。徳川三代将軍家光がその神徳を感じて庇護した結果、全五十三棟に及ぶ絢爛豪華な大伽藍が目黒に出現し、その中心の大本堂が焼失し、再建されるまで数年間だけ存在した粗末な仮本堂に祐輔は参籠したのだが――周りには建築資材がごろごろしていた――その一年間の日参が仮本堂の数年間と重なっていたということからして、奇異である。つまり、ただの偶然ではなさそうだ。

もしかすると、不動尊より、大日如来像よりずっと古い、それらの佇む背後の縄文時代の古墳からそれは由来したのかも――。

「鉄のように黒い」との形容が思いだされる。原日本人が崇めたであろう隕石のごときものか。錬金術師なら、「アルシェー」(archée)とでも呼んだことであろう。それは「地中の火」を意味する。なにしろ、若き求道者が蒙った奇病の正体は、世界的名医の見立てによれば「電磁波の衝撃」だったというのだから。

ともあれ、執行草舟が、宗教文明の終わりにではなく、霊性文明の初めに立ち会ったということは確かなことのようである。

『ロム・プレケールと文学』の結論でマルローが述べた次の言葉を想起せずにいられない。

「諸宗教は、いかにも、衰頽《すいたい》して、教義、道徳となった。しかし、その発端に、教義、道徳以上のものを自らのうちに何も抱懐していなかったならば、誕生することはなかったであろう」(On peut traduire les religions déclinantes en doctrines et en morales, mais si elles ne portaient rien de plus en elles, elles ne seraient pas nées.)

執行草舟は、この誕生、新たなる誕生に立ち会う運命に置かれた人と言いうるであろう。

Ⅶ　破調ラプソディー

ドイツの詩人ヘルダーリンの「乏しき時代にあって何のための詩人か?」との問いに対して、これを標題としたあるエッセイで、哲学者ハイデガーはこう答えている。

「《何のために》とは、目的よりも、原因をも問うているのだ」と。

生きているかぎり、われわれ人間は、何のためにと問いつづける。すなわち、生の目的、意味を。ひとたびこれを見失えば、時には自殺にさえ追いやられる。しかし、「何のために?」を「何ゆえに?」に置き換えたらどうであろう。すなわち、目的ではなく、由来を、根源を問う意味に受けとったならば?

フランス詩人、ジュール・シュペルヴィエルのある詩を私は愛誦している。己が身を「水源と大洋を同時に生きる」泳ぎ手に譬えて、こう歌うのだ——

それとも　それと知らずして　わたしは
夜の中に　もはや　ただひたすら
大洋を水源のかなたへと求める人なのか……
こよなき希望は　みずからの後方《しりへ》にあるゆえに?

人の一生はしばしば旅人に譬えられる。

しかし、霊性に生きる人は、むしろ、この夜の中の泳ぎ手のごときではなかろうか。

三歳で火難に遭い、翌年、水難に見舞われることから生きはじめた執行草舟に、私はそのような姿を垣間見《かいまみ》る思いがする。家人の狂乱をよそに、四歳児は、茅ケ崎から江の島までの十キロ以上を、ひとり、深夜まで流されていった。その浮き輪は、ナイル川を流れる嬰児《みどりご》モーセの葦舟《あしぶね》ならぬ草舟《くさぶね》となって流れつづけ、いつしかその行方《ゆくえ》は、大洋の水平線に代わって、水源となっていた……

波瀾万丈の来《こ》しかたを振りかえって、のちに彼は自伝でこう書くであろう。

「自分の人生はこのような出来事の連続であり、その意味を求めることが我が運命であった」と。そして二つの苛烈な連続的神秘体験から、何事にも或る決定的な特異点があると悟り、それを「破れ」と呼ぶ独創的世界観を打ち立てるに至った。

宇宙物理学と、倫理《エチカ》と、芸術の三領域をむすんで、草舟の全人生は、未知の地上絵さながら広漠たる文様《もんよう》を空間に描いてきたかのようだ。日本人には稀な悲愴感が亀裂のようにそこには走っている。それは、ミゲール・デ・ウナムーノから戸嶋靖昌に至るスペイン狂詩曲《ラプソディー》的世界との共感であり、内村鑑三の言う「犠牲は宇宙の精神なり。……十字架を解する者は宇宙を解す」との神秘主義的世界観との共振であり、かつ、鑑三がこの宇宙精神と見た「犠牲」の原型のごとき「ダーク・マター」(暗黒物質)の宇宙物理学的世界観との共鳴なのであった。

わけても、ダーク・マターへの関心に、二十世紀の不可知論文明からの新展開を感じさせられる。

現代科学は、目にこそ見えね、確実に存在するとされるこの奇妙な「物質《マター》」がなければ星々も人類も生まれなかったであろう、少なくともこんなに早く(!)生まれなかったであろうことを突きとめた。全宇宙のその総量が実在物質の総量の五倍であることまで正確に分かっていながら不明のその正体をつかもうと、日本の飛騨山中の地下ふかくスーパーカミオカンデの「KAGRA」をはじめ、世界中の巨大施設が、しのぎを削っている。

　ところで、なぜこの物質が目に見えないかといえば、それが光（電磁波）を放出もせず吸収もしないためであるという。かつ、微細過ぎて、人体をも地球をも摺り抜ける。

　おろかな空想ではあろうけれども、何となくこのことは私に祐輔青年の神秘体験を思わせずにいない。あのときも、不動明王像の仮本堂で、御簾の奥ふかくから顕れた物質が彼の口中に飛びこんで通り抜けていった。青年は物理的に弾き飛ばされて卒倒した。そのものが物質であることは白壁に影が映ったことからも明らかで、「鉄のように真っ黒」とは如何にも言いえている……

　妄想はさておき、ダーク・マターへの草舟のこだわりで見逃してはならないのは、前述のごとく、それが彼の神秘体験から発して、宇宙と意識と芸術創造をむすぶ強固な形而上学へと発展していったことである。

　その根底に、死があった。

　もちろん、城ヶ島で、祐輔青年は死んだわけではない。しかし、かぎりなく死に近づいたことは確かである。短刀は、なぜか、べったりと血塗られていた。

最後の来日前に大患に陥り、死の渕をさまよったマルローは、一種の臨死体験を得て、こう『ラザロ』で書くに至る。

「不可知論的思考は、それが信仰に根ざさないかぎり、死に対して差しで（一対一で）語りかけることはできない」

ここで、「信仰」とは、もはや神へのそれとは限らない。執行祐輔にとっては、対象は宇宙だった。昇る太陽がその象徴であり、これと彼は「合一」するであろう。その瞬間、彼は不可知論を越えたのだ。

身をもって、命がけで執行草舟が一線を越えたことの意義は限りなく大きい。内村鑑三は、不可知論《アグノスチシズム》の主導者、トマス・ハクスレーの墓碑に「影を付けた」未亡人の言葉をこう引用している。

「……神は、いまなほ、その愛する者に眠りを与へ給ふ。これを聖《きよ》められたる不可思議論と言はん」

キリスト教においては、神に対して懐疑的なるままに死すれば、救霊はなかった。生に意味を付与するものは死後の救霊だった。お聖《きよ》めなくしては不可知論者は浮かばれなかったのである。

ハクスレー夫人の言う「お聖め」は、神道日本では「お浄め」となろう。禅では「悟り」、西洋ミスティシズムでは「秘儀伝受《イニシエーション》」が、道の極みである。執行祐輔は前記のごとく「イニシエ」（秘儀伝受者）となることで執行草舟となった。ここから彼の人生は一変し、禅林で言うところの「悟後《ごご》」の局面へと入っていった。

執行文書はすべて、この悟後の産物である。

死と差しで対話しえた者のみの持つ肯定力の強さをそれは持ち、その若者が極めて高い心境に達した人であることを窺わせる。碇《いかり》を抱いて今まさに海中に飛びこまんとする平 知盛《たいらのとももり》さながら、「見るべきものは見つ」といった心境であろうか。こうした高みにあっては、もはや、仏教で言うところの「差別《しゃべつ》」はない。非常な博捜《はくそう》の人でありながら、発言は単なる比較をこえている。「私の中では何も違《たが》わない。魂に響くか響かないか、私の判断はそれだけです」（『お〻ポポイ！』）と述べて、西部劇『荒野の決闘』は武士道の「忍ぶ恋」に通じ、アイルランド魂と武士道は共通していると説くごとき、自在無碍《むげ》の境地に立っている。

私が特に感ずるのは、「違《たが》わない」といった語法に表われた、高い、古い、そして日本的な感覚である。

橿原宮での即位に先立って神武天皇の発した令の言葉——「苟《いやし》くも民に利《かが》あらば、何《いづくん》ぞ聖《ひじり》の造《わざ》に妨《たが》はむ」を思いださずにいられない。「ごくわずかでも民衆にとって利益のあることならば、どうして自ら聖賢の教えに違うはずがあろうか」との意で、日本的民主主義（民本主義）の原型をここに見る。聖賢の教えがまずあって、それに政治が従うという中国スタイルの正反対だ。聖賢がマルクスやレーニンになって、その御託《イデオロギー》を奉じたことから、ソ連と中共が出現した。

ちなみに、フランスの宗教祭祀学者、ピエール・ゴルドンによれば、神武天皇は最高の「イニシエ」なのであった。

＊

ここで「イニシエ」と聞き馴れない用語で私が呼ぶ人々は、すべて、ヴィジョンと行動優先の人々である。かつて若き日に私は京都花園妙心寺で参禅の折に、禅堂で久松真一老師が提唱するこの言葉に打たれた。

「経が行《ぎょう》を証するにあらず、行が経を証するなり」と。

人生において、成否を問わず行動し、そこから得た結果が自ら聖賢の教えの正否を証する——「聖の造に違はず」。「経が行を証する」道を選ぶ人々の正反対で、当然、リスクを伴う。

我らが執行草舟は、いうまでもなく「行が経を証する」タイプの人である。まず行動し、こけつ転《まろ》びつしながら得た結果を、「経」にかなっているかどうか、仔細に吟味する。十七歳で失恋の折に、リルケ、ドン・キホーテから、ヘーゲル、わけてもトインビーの『歴史の研究』全巻を読破して一時失明にさえ至るが、「私は、この行によって失恋が吹っ切れた」と、涼しい顔で回顧している。

まず生き、行より行へ、ついには「時間の不可逆性が崩壊する」陶酔をさえ体験して、そこから「経を証する」貴重な証言を、縷々《るる》、この人はもたらした。「草舟レクシック」として編んでみたい。

非合理の世界を見た人ゆえに、その詞藻は常識的には理解されにくい。時にはぎょっとするような、反撥したくなるような言辞さえ、ぽんぽんと飛び出てくる。こんなふうに。

——生きようとしないことが本当に生きることである。
——人間は死ぬために生きている。
——犬死にはしたほうがいいのだ。
——人間は死んでからが本体である。
——封建主義のほうが人間の歴史としては正しい。
——騎士道からシュルレアリスムが生まれた。
——ヒューマニズム、民主主義、科学文明にとって現代人は自己融解を起こしている。
——正よりも負のほうが人間の生命にとっては大事である。

逆説であろうか。

いや、草舟においては正説なのである。

その確信の根底に、独自の否定神学的ヴィジョンと、近世三百年の誤まてる進歩主義に対する否定的ヴィジョンとが、確固として息づいている。

禅公案さながらにわれわれの既成概念と衝突するこれらの言句の真意をつかむには、執行文書を細心の注意を払って読む必要がある。近著『脱人間論』は、題名そのものからして一段と挑戦的であり、ここに草舟は彼の文明批評のエキスを注ぎこんでいる。ルネッサンス以降の近代が生みだしたヒューマニズム思想の人間像を、「えせ人間」として糾弾してやまない。それは「人間の大氾濫」であり、帰着したところは、広島投下の原子爆弾第一号を「リトル・ボーイ」と呼ぶマンハッタン計画だった……。

ここから、「英米主導のヒューマニズムを捨てる以外に道はない」と明言する。

一見、反民主主義的な危険思想のように見える。しかし、これは、草舟自身の確信であるまえに、西洋文明自身の深い内省から来る絶望の声にほかならないことを想起すべきであろう。第二次大戦後、彼らの間の代表的知識人の間で、「ガス室と原爆の出現により悪魔が復活した」と言われたものだった。「リトル・

ボーイ」を生産したロス・アラモスの工場がアメリカ先住民の中で最古のホピ族の最古の神殿のあった場所に築かれたと知って、フランスの芸術家たちは動揺を隠せなかった。

誤解しないようにしよう。

ヒューマニズムそのものが必ずしも悪いというわけではない。自由・平等の思想は、人権が抑圧されている国々にとっては希望の星だったし、いまでもそうである。共産主義と民主主義は十六世紀ユートピア思想から端を発した点では同根だったのであり、一七八九年、大革命直後に国民議会が人権宣言を発してからというもの、パリは世界の革命家たちのメッカとなった。問題は、人権宣言の光輝がたちまちにして恐怖政治の暗黒に取って代わられた事実である。この図式は、二十世紀に、ロシア、中国、イラン、カンボジア……と、例外なく踏襲されていった。スターリン、毛沢東、ホメイニ、ポル・ポトらによるジェノサイドの総数は、どれほどになることか。この現実を糊塗して、その間三百年にわたる展開を大文字で「Progress」と書き、その開始を「光の世紀」と呼び、その思想をないのだ。

「ヒューマニズム」と称する歴史を、ウソだと、いみじくも草舟は告発してやま

西洋文明の合理偏重が如何にして二十世紀に「ヨーロッパの自殺」と呼ばれる結末に至ったかについては、その原因が一部明晰なる識者によって指摘されてきたとおりである。古代エジプト、ギリシアから、エルサレム、イスラムにまたがる広大な諸文明の霊性的水源より合流した騎士道文化を断ち切ったことが、大きな一因だった。この騎士道文化の偉大な統合者であった聖ベルナールを『葉隠』の著者山本常朝と「同一人物」と言い切った草舟の超歴史観については、前述のごとくである。フィリップ四世が「騎士道の華」と称えられた神殿騎士団を殲滅《せんめつ》してその財宝を簒奪《さんだつ》し、国庫を満たそうとしたときが、偉大な中世霊性文明の終焉だった。事もあろうに、国王その人がノートルダム大聖堂のまんまえ、セーヌの砂州で騎士団長ジャック・ド・モレーを火刑に処したときが、騎士道そのものの炎上だったのである。「近代化」の名において全てが許される道は開かれた。人間の物質的肥大化の道である。「脱人間」と草舟が呼ぶところの人間とは、この中世の秋に一つの明確な起点を持っている。

が、如何にしたら、「脱人間」は可能なのであろうか。

＊

問題は、日本的方法は何かということである。

日本には日本的方法、すなわち偉大な霊性文化があるのに、それを見失ってしまったことに、われわれの悲劇はあった。ルーツ喪失——この一言に尽きる。「日本を取り戻す」ことは、それが政治的に達成されるためには、まず、霊性的次元においてルーツ回復が行われなければならない。戦後七十七年、憲法改正が一行もなされなかったのは、この根源的ヴィジョン優先が果たされなかったためにほかならない。

では、滅却された我らのルーツとは何であったか、戦後、これを至上の高みで啓示した二人の偉人があった。三島由紀夫と、平成の御代の皇后陛下美智子さまである。

三島由紀夫の理念は最後の檄文の結びにこう凝縮されている。

「……生命尊重以上の価値の所在……それは自由でも民主主義でもない、日本だ。われわれの愛する歴史と伝統の国、日本だ」

愛することと殉ずることは一なることを、そしてそれを全うする日本的流儀があることを、こう訴えた直後に取った自刃の行為によって、三島は実証した。

この敢為《かんい》は、一個のジェニーを表すとともに、それ以上に、日本のルーツの光輝を大和島根の頂上において再現せしめたゆえに貴いのである。

これと同日に論ずることは懼れ多いことながら、皇后美智子さまは、この上ない高みから、この上ない透明な光を日本的霊性の源泉の上に投げられた。一世の名講演、「橋をかける」において弟橘比売命《おとたちばなひめ》の相模湾入水の歌を引いて、こう仰せられた点である。

「《いけにえ》という酷《むご》い運命を、進んで自らに受け入れながら、恐らくはこれまでの人生で、最も愛と感謝に満たされた瞬間の思い出を歌っていることに、感銘という以上に、強い衝撃を受けました。（……）愛と犠牲という二つのものが、私の中で最も近いものとして、むしろ一つのものとして感じられた、不思議な経験であったと思います」

さらに「愛と犠牲との不可分性への、恐れであり、畏怖であった」として、捨身におけるサクレ（聖性）的性質に触れておられる。

この述懐に先立って美智子さまは、戦後、米軍の占領下で歴史教育から神話や伝統が削除されたことによって「民族の共通の祖先」の「一つの根っこのようなもの」が失われてしまったことを嘆いておられるのである。

お嘆きになっただけではない。

美智子さまは、喪失から復活への道しるべを自ら示してこられた。民間からの入内《じゅだい》ゆえの幾多の苦難に遭遇しながらも、つねに背の君、天皇とささえあうその姿に国民は感動し、凛乎《りんこ》として示される勇気は神秘的にさえ見えた。折々に下し伝えられるその御歌《みうた》は、天分の輝きとともに謎が秘められているように私は感ぜずにはいられなかった。いわば、伝承の秘密といったものが。わけても平成八年（一九九六年）に「海」と題して宮中歌会始で披講されたお作品、《海陸《うみくに》のいづへを知らず姿なきあまたの御霊《みたま》国護《まも》るらむ》がそうであった。突如、それは、南冥の空に立ち昇る玲瓏たる魂鎮《たましず》めの調べをもって世人を驚嘆せしめたが、同時にそれは昭和天皇の御製、《やすらけき世を祈りしもいまだならず くやしくもあるかきざしみゆれど》への返歌のように私には映ったのである。昭和六十三年（一九八八年）に詠まれたこの御製は実に慷《うれた》みの極みで、昭和天皇の事実上の辞世のごとく私などは拝察申しあげている。美智子さまの御歌「海」はそれより丸八年後のお作だが、鍵となるのは、どちらも「八月十五日 終戦の日」と御題に日付を画している点である。これは偶然ではあるまい。皇后美智子さまは、「エレミヤの悲歌」ならぬ「裕仁の悲歌」に木霊——挽歌を返されたのだ。それによって、日本のミッシング・リングの発見者、いや、御自らこの玉環《リング》そのものとなられたのだと拝せられる。

かかる印象をさらに強める出来事が起こった。「海」の御歌より三年前、美智子さまは、謂《い》われなきメディアの誹謗によって傷心のあまり失語症となり、その傷ましいお姿のまま、天皇に寄り添って、硫黄島へと赴かれた。そして共々に亡き将兵への鎮魂の歌を詠まれたのである。これはまさに、硫黄島守備隊長、栗林忠道中将の痛恨きわまりない辞世が大本営に無電発信されてから、実に五十年目の返歌であった……

いみじくも執行草舟は、「辞世」は日本文化に深く根ざした「世界的な人生哲学」であると述べている（『根源へ』）。たしかに、諸外国には墓碑銘《エピタフ》はあれども、辞世の風習はない。しかも、なぜ日本にのみあるのか、そのことが今までまともに問われたことはなかった。

平成六年、村山富市首相が「日本の悪」について東南アジアで謝罪旅行を重ねつつあるとき、（マレーシアのマハティール首相から不可解とたしなめられた）、天皇皇后は硫黄島へ慰霊の旅に向かわれた。翌年、国会が「戦後五十年謝罪決議」を表明したときには、両陛下は長崎・広島に始まる「戦後五十年慰霊の旅」を開始された。政治がポピュリズムとなり、メディアがそのお囃子《はやし》になりさがった中で、ひとり凛乎として両陛下は屹立の姿勢を示されたのである。鎮魂すべきは、まず、日本の英霊である――こう思し召されて。

しかし、どうして日本はこのようになってしまったのか、その真因を世界史的淵源にまで遡って剔出《てきしゅつ》し暴露する明晰と勇気を持った人士は、戦後日本には稀にしか現れなかった。執行草舟はその例外的日本人の一人なのである。ルネッサンスといえば、人間中心主義、すなわちヒューマニズム発祥の文明として私共は学校教育で教えられてきたが、草舟は近著『脱人間論』においてこう直言してはばからない。

——無限の人権を持つ存在に、絶対悪はない。その状態が現代社会を創っている。すべては人間のためだから、悪いものはひとつもないのである。……我々は本当に命令者を失ってしまった。その始まりであるルネッサンスは、人間性の回復とも言われているが、その人間性とは神からほんの少しの魂の自由を得たいということだけだったのだ。ところがそれがいまは行き過ぎてしまった。いまの人間の言う人間性とは、人間の持つ欲望と動物性を解き放つものでしかなくなった。

——執行草舟『脱人間論』講談社、二〇二〇年

草舟の言う「脱人間」の人間とは、いまや人権の名で無際限の欲望と動物化を保証されたかのごとき人間のことで、かかる人間は「絶対悪」——恐い者なしの存在と化したから、これを脱しなければならないとの主旨である。

ここで草舟が現代文明を批判するのに十九世紀スペインの一人物を引き合いに出しているところが、なかなかに興味深い。草舟の親スペイン熱は、ウナムーノの『生の悲劇的感情』への共感をとおしてつとに知られるところだが、ウナムーノが親炙《しんしゃ》し、二十七歳で夭折したロマン主義的作家、マリアーノ・ホセ・デ・ラーラのある言葉に共鳴して、こう言うのである。

「このラーラの思想の中に、現代の失われた人間性を表わしているとしか思えない言葉がある」として、こう引用している――「人間の心は何ものかを信ずる必要がある。信ずべき真実がないとき、人は嘘を信ずるのである」

たしかに、これはまさに二十一世紀の現代そのものではあるまいか。

「フェイク」に、世界は踊っている。

＊

マリアーノ・ホセ・デ・ラーラというスペイン人作家・ジャーナリストについて、私はまったく無知識だったが、幸運にも近刊の『ラーラ　愛と死の狭間に』

（法政大学出版局 叢書ウニベルシタス）によって概要を知ることができた。

執行草舟は序文を寄せて、「本書はラーラの業績の要約的な全貌を紹介する日本で初めての本」と意義を強調し、安倍三崎による鏤骨《るこつ》の訳業をたたえている。

二十七歳、恋に破れてのラーラの拳銃自殺は、当時、満都マドリッドの紅涙を絞った。しかし、同訳書中の白眉、「マシーアス」という悲劇作品を読んで私は、かねて西洋ロマン主義文学について抱いてきた或る感懐を深めることができた。何かといえば、「神を殺した」フランス革命の次に来たる合理万能の時代において、失われた「絶対」の影を求めて如何に西洋の、殊にドン・キホーテを継承するスペインの騎士的精神はさまよったかということである。

この点、ナポレオン侵略軍の軍医をつとめ、親仏派だった父のもと、幼時からパリで過ごしたラーラの青春はシンボリックだ。同時代のユゴー、ラマルティーヌのごとく、偉大な詩人、作家が政治家となった国フランスの行動様式をたっぷりと身につけた形跡が見られる。自身、フィガロ紙で健筆を振るいつつ、ラーラは政界に打って出た。

禁断の恋に踏み入ると同時に。

「恋に対するも政治に対するも、西洋では、同じ《agir sur....》（アジール・シュール……＝……に対して働きかける）という心理がはたらいている」と喝破したマルローの名言を、そぞろ思わずにいられない。

が、恋も政治も、「絶対」の、いかに対極にあることだろう。かりに「共和国」を至高の理念に置いたとしても――。

たった一つ、ロマン主義者たちが見いだした神の代替えがあったとすれば、それは「自然」だった。（西洋が日本の俳句にいちばん接近した時代はロマン主義時代だったとは、『孤島』の哲学者、ジャン・グルニエの指摘である。）ラーラには、それほどの逍遙派的趣味はなかったらしい。が、フランスの抒情詩を革新したアルフォンス・ド・ラマルティーヌからは、少なからぬ影響を受けたことであろう。わけても『瞑想詩集』中の絶唱、「孤愁」（L'Isolement）を愛唱したかと想像される。ラーラ自身の運命を予感したかのごとき、かの悲劇で、ヒーロー、マシーアスの悲恋の相手、絶世の美女「エルビラ」は、その名からして、ラマルティーヌの恋人、「エルヴィール」のスペイン語化のようにも見える。その死による絶望から「孤愁」は生まれた。

流れよ　巌よ　森よ　かくも親しき孤独よ、
ただひとりの人なくば　万物ここに荒寥《こうりょう》たり……

虚無との直面は、自然の発見と対をなしていた。
重要なことは、ロマン主義者たちのもとで、自然が宇宙にまで徐々に深められていったことである。ラーラは、絶望するマシーアスにこう叫ばせなかったであろうか——

愛より聖なる絆があろうか？
その神殿は、宇宙なのだ。

ラーラの内的世界に、おそらく宇宙はそれほどの場を占めてはいなかったであろうけれども、それでも、たった一言でもこう言い残したことは意味ぶかいと私は考える。

ポエジーをとおして宇宙感覚を最大限にまで深めたのが、フランスのヴィクトール・ユゴーで、それは、モニュメンタルな大長編詩『諸世紀の伝説』上下二巻に結晶している。その出版が開始された一八五九年は、ラーラの没した一八三七年から二十二年後のことで、そのちょうど中間の一八四八年にマルクスの『共産党宣言』は刊行されている。「歴史」が科学の名で霊性を追放し、二十世紀に世界が米ソ二陣営に分裂する、その発端の時期に当たっていたのだ。

歴史と霊性の分岐点にあったということである。

霊性を、ユゴーは「伝説」と呼んだ。創成神話から二十世紀の未来までの全人類史を、歴史的にではなく霊性的に照射した超大観が、『諸世紀の伝説』である。その序で、「進歩」を讃えつつも、きっぱりとこう云い切っている。「ヘロドトスは歴史をつくり、ホメロスは伝説をつくる」(Hérodote fait l'histoire, Homère fait la légende.) と。

伝説、超歴史、霊性の次元から、たとえば、「革命」と題する詩で、首を刎ねたあとのギロチンに真向かって、こう吟ずるのである。

人間の正義と人間の法律の上に、寂《じゃく》として厳かな永遠の飛沫はあった。天に向かってこの鉄（刃）は傷つけたのではあるまいかと、私は考えた……

――ヴィクトール・ユゴー『諸世紀の伝説　断頭台』

「フランスにはヴィクトール・ユゴーと呼ばれる栄光の部分がある」と讃辞を呈したのは、文化大臣マルローだった。その彼がこう書いた言葉の中に、こんにちわれわれが掬《きく》すべき最高の鍵が秘せられているかに見える。

…思うに、歴史の意味が人間を魅惑するためには、ふたたびそれは宇宙の意味とむすびつかねばならないであろう。

...pour que le sens de l'histoire fascine l'homme, il faut qu'il semble rejoindre celui de l'univers.

――アンドレ・マルロー『世界彫刻の空想美術館』

＊

フランス革命の影響下、西洋は、共和政か王政かに絶えず振れ動き、かたわら、産業革命の成功から、来たるべき二十世紀をほぼ薔薇色に見ていた。無残にも夢は潰《つい》えたが、その間、合理偏重の「光の世紀」に始まる近代文明の本質をむしろ人間性の闇の深化として捉えた一群の芸術家集団があった。サド、ラクロ、ゴヤからボードレールへと至る恐るべきヴィジョネールの系譜である。彼らは、反ヒューマニズムどころか、悪魔主義《ディアボリズム》に、反進歩主義どころか退化主義に、下手をすれば終末主義にもなりかねない黙示録的ヴィジョンを保持していた。この失墜を辛くも押し止《とど》めたものこそは、「何ものかへの信」なのであった。

ラーラ（Larra）の言葉に執行草舟が現代の人間性喪失を洞観するのは、この暗流のヴィジョンの分有を見るからなのであろうか。しかして、暗流の源泉は、極めて遠い。それは、先にも見たとおり、ヨーロッパ合理主義が霊性を振り払った十二、三世紀に起因する騎士道の終焉と、イスラム神秘主義の地中海からの駆逐と、二つの重大事件とに象徴的に表れていた。以後、宗教改革―ルネッサンス―フランス革命と、三段跳びで、ヨーロッパ精神は総仕上げされる。「現代のグノーシス」として知られるフランスの賢人、レモン・アベリオは、いみじくもこう指摘している。
「ルネッサンスからフランス革命にかけての二百年間に、ヨーロッパは、純自由の原理を発見し、これを振りかざして自らの帝国主義を糊塗し、絶えざる虚偽と幻想と征服へと乗りだしていったのだ」（『新グノーシス論』）

第二次大戦と、その「予行演習」と評されたスペイン内戦を、「ヨーロッパの自殺」とアベリオは見る。そして、同時に台頭したアメリカをもって「欧米の文化的時差」は無くなった、と。すなわち、純自由の思想はアメリカン・デモクラシーの名のもとに日本に奔流し、千古の霊性文化を「根っこ」から引き抜いたのであった。

「英米主導下のヒューマニズムを捨てる以外に道はない」と草舟が声を強めるのは、ここである。「しかし、不可能だ」と続く。もっとも、草舟は、ヒューマニズムの看板を掲げる民主主義の体制そのものを告発しているわけではない。彼が告発しているのは、神から切り離され、エゴチスムに凝り固まった人間ということである。では、神とは何かといえば、「とてつもなく巨大な一つの無名性」であると言う。それは「宇宙意志」なのだ。かつては人間はそれと一体であり、それが人間の原点であった。いまこそ人間は、ふるさとに還るごとくそこに還らねばならない……。

私は、この神の「無名性《アノニマ》」という指摘に注目する。「われは在るところのものなり」であろうか。聖母マリアは「神母」であって神ではないかもしれないが、私は現地調査で、顕現するマリアが正式名称を名乗らないことに注意させられてきた。ルルドでベルナデットに顕れたマリアは、彼女の執拗な質問に対して、「無原罪《むげんざい》の御宿《おんやど》り」(l'Immaculée Conception)と答えている。時と場所によっては「天の元后」と言うこともあった。つまり、アトリビュート(特性)を示すに留まっている。マリアは、イエスともキリストとも言わない。「我が息子」と言うに留まり、それで周囲は顕現者がマリアさまだと悟るというふうだった。

これとは逆に、現代の新宗教で、軽々に聞いたこともないような神名を振りかざすのは、自ら偽物たることを証拠立てているようなものであろう。

誰よりも強烈な現世否定の感覚から執行草舟は霊性世界へと入っていった。

「私は現世などは大嫌いであり……」と臆することなく言い切っている。「現代のヒューマニズムは悪だ」とも同様にばっさりと切り捨て、「曲がりなりにも自分の道を生きてこられたのは現世の価値を生きなかったからだ」と吐露する。

*

　ここから、反動的に、なおのこと、「日本人の平均的道徳水準より遥かに高い武士道」（新渡戸稲造）への一層の憧憬が掻き立てられていった。その心情曲線の特異点をなすものが、一種の「破れ」の根源的ヴィジョンであることをわれわれは見た。二度にわたって「死と差しで」勝負したことから得た神秘体験と、現代物理学において宇宙創成の基因とされる「自発的対称性の破れ」の概念と、スペイン思想に内在する生の悲劇的裂傷と、禅芸術における「対称性の破れ」とを、すべて一直線上にむすぶ世界観である。その極めつけが、言うまでもなく、死して生きる葉隠的破れ＝「狂」へと収斂する武士道の死生観なのであった。

見えない地平線下の星をめざして独行する、精神の極性《ポラリテ》の旅！　日本列島からの旅ながら、むしろ、西半球の空を鉤裂《かぎさ》く稲妻の閃光――ベラスケスの描く空に見るような――へと、彼は引きつけられていった。

西方の闇の奥から一つの呻き声が聞こえてくる――「自我、すなわち引き裂かれた線」(Moi, la ligne brisée) と。

『悪の華』の詩人、ボードレールの声だ。さすが、恐るべきこのヴィジョネールの芸術論、『美の猟奇』(*Curiosités esthétiques*) で、ゴヤを論じた一句である。『ロス・カプリチョス』に見るごときゴヤの仮面芸術の本質を「捉えがたきものへの愛」として摑み、次のように自問している。

……もし人間がこのような愛を失ってしまったら、各人は、その哀れな自我をどうしたらいいのか？　自我、すなわち、引き裂かれた線を？

――シャルル・ボードレール『美の猟奇』

二十世紀美学を革新したマルローの膨大な美術論は、いわば、「サクレ」(聖なるもの）の表白である「ブリジュール」（引裂線）の変貌の追求であった。世界の調和を表わす曲線に対して、世界との分裂、そこから流露する悲劇的感情は、「ブリゼーされた」（引き裂かれた）線に結晶する。この種のブリジュールは、ローマ皇帝に迫害された原始キリスト教徒がカタコンベに残した壁画に初めて現れ、中世の聖芸術に継承されたが、ルネッサンスを機に消滅する。迫《せ》り上がる人間像を中心に、やがてフランスのロココ趣味の裸婦像の曲線が近世市民生活の装飾世界を覆っていく……

イタリアからも、フランスからも、もはや「ブリジュール」は影をひそめた。神を殺し、神の創造世界と完全分裂しながら、引き裂かれた感覚すら失っていたからだ。唯一、これを保持していたのが、スペインだったのである。

＊

執行草舟とスペインの関係を考えるにあたって私はマルローの『ゴヤ論』（拙訳、一九七二年、新潮社刊）を読みなおしてみた。そして当時、日本の美術界に衝

撃を与えたこの名著の至言のかずかずが、いかに草舟その人に当てはまるかに驚いている。（以下、傍点、竹本）

――ここに初めてゴヤは、万人に先んじて、暗黒世界より、永遠者（神）との対話の言語を引きだそうと欲した、といえよう。

――キリスト教芸術は解答であり、ゴヤ芸術は問いである。

――宗教的感情の合理化が、その秘めたる戦闘的性格を失ってからというもの、芸術はその地下的世界から断ち切られてしまっていた。

――不治《ふち》なるものの表現は、何よりも、調和の世界を打破する以外には不可能であった。

――愛もまた、サクレの一部をなすものではある。が、ここでは愛は、サクレの対極にまたたいているのだ。

――初期の偉大なキリスト教彫刻家たちと同様に、ゴヤの憧憬もサクレ（聖）なる言語の再発見にあり、このサクレの再発見とはゴヤにとって運命との対話にほかならなかった。

このわずか数言のうちにも、執行草舟を引きつけた文明が、ルネッサンスのイタリアでも、それを継承したフランスでもなく、スペインだった理由が読みとれるであろう。マルロー『ゴヤ論』に言うところの「髪と剣と血をもってイタリア様式から脱けだそうとした」国、である。「脱人間」の脱出欲、磁力は、ピレネーのかなたから最も強烈に草舟にはたらきかけたのであった。

ウナムーノの著書『ベラスケスのキリスト』の訳書を刊行したことに看取されるように、草舟の関心はゴヤ以上にベラスケスに向けられていたかにみえる。しかし、世界的に有名な作品「鏡に向かうヴィーナス」の、ではなく、はるかによりひそやかな神秘的宗教画、「十字架上のキリスト」のベラスケスなのである。ウナムーノの同訳書の監訳者、草舟は、序文で「ヨーロッパが中世と訣別するための悲痛」を想起している。また、同書翻訳者、安倍三﨑が「このキリスト像を象徴するのに女性形の言葉が多く使われている」と解説しているのも興味深い。それは「キリストの自己犠牲の精神と究極的受動性」のゆえにである、と。プラド美術館に展示されたこの絵画を訪ねての彼女の一文は、闇夜の白亜像ともいうべきキリストの裸像の純白に息を呑む臨場感を伝えて、生ま生ましい。

草舟が「中世と訣別するための悲哀」を喚起しているのは、さすが、高度の文明批評であるといえよう。サクレの表象は、ゴチック建築を最後に、イタリアニスムの影響下に地下に消え、十九世紀イベリア半島に再現するまで、地下流となっていたのだ。消えたサクレの流れを再現せしめた画家が、ゴヤに先立ってベラスケスだった。その意義についてマルローはこう書いている。

ベラスケスは、最初の黙《もだ》せる天才というべきだった。押しひしぐばかりのベラスケスの沈黙の前にあっては、メングス、バイエウ、いや、ホガースでさえも、またグアルディ、フラゴナールにしても、はたして何事を言いえたであろうか。……一切の芸術が、その最重要なるレゾン・デートル(存在理由)とおぼしき一点より発する声に対して、みな、緘黙《かんもく》してしまっていたのだ。けだし、その時まで、かかる声に対して実際になお応じつつあった唯一の芸術とは、畢竟《ひっきょう》するに、キリスト教芸術だったのである。

——アンドレ・マルロー『ゴヤ論』(竹本忠雄訳)

このような意義を持ったベラスケスの、ゴヤは正統的継承者だったのだ。自ら、「自分には三人の師匠がいる。レンブラントと、ベラスケスと、自然と」と告白している。

さらに、ゴヤには、ベラスケスをも誰をもこえる一つの絶対点があった。マルローが「不治なるもの」(l'irrémédiable)と呼ぶ内的運命である。「カラヴァッジオの情熱、ゴヤの宿痾《しゅくあ》のごとき不治なるもの」といった言いかたをしている。『ロス・カプリチョス』をはじめ、ゴヤ芸術の大特徴である怪力乱神の跳梁《ちょうりょう》は、それなくしては生まれなかったであろう。現代の精神病理学者ならば、喜々として「何々症候群」と命名することかもしれない。もちろん、そんなものではない。事は魂の次元に属するからである。

＊

思想家、並びに芸術家としての執行草舟にとっての「不治なるもの《イレメディアーブル》」とは、何であろうか。

それは、「負」、「破」、「狂」のいずれかの一語に帰せられる何かではあるまいか。

草舟は、そこから人物を見、宇宙を見、そして何よりも自己の運命を見ている。そしてこの運命とは、虚飾の現実を、内なるこの破壊力によって粉砕することにあると自覚している。

現代人にとって運命といえば、もはや辻占師《つじうらないし》に見てもらう運勢程度に成り下がってしまった。死から目をそむけるがゆえに、である。高度に洗練された現代社会の中で、死は押し隠され、個々の死去のみが残り、それも保険と火葬場だけの「ファクト」となってしまった。いっぽう、生は寿命に摺《す》りかわり、科学は長命どころか不死への夢想さえ人々に抱かせようとしている。

しかし、人間が不死であれば、もはや運命は存在しないであろう。死と対峙することによってのみ運命は強まる。「人間が死すべきものである以上、生の意味は何か?」と草舟が問うのは、そこである。業病によって、冒険によって、自決の短刀を握ることによって、彼は絶えず死との接線上を生きてきた。死と共に運命は、彼にとっては常人の域をはるかにこえる大振りなものだった。宇宙的うねりの中に置かれたギリシア神話のヒーローたちの運命に我が身を引き較べて回顧しているが、けっして大げさではない。ただし、それにはそれだけの身《み》の丈《たけ》が要求される。その威容に目を見張るのでなければそもそも本書は執筆されなかった。

Ⅷ　預言者の回廊

戦争は、一度、砲火を浴びた者には、終生、鳴り止むことがない。反対に未経験者にとっては、空《そら》はいつまでも青かろう。

人間は闘争的動物だから永久に平和はありえない——尊敬するフランスのレジスタンス戦士、アルフレッド・スムラーから、こう私は聞かされたことがある。少なくとも私自身は、七十八年前の東京下町大空襲からの生き残りとして、いまある風景は明日は見えないのだとの思いを拭いきれずに今日まで生きてきた。

国破れても文化が残ればそれでいいという考えもある。あるとき、筑波大学で村松剛からこう聞かされた。「僕の友人にこういうのがいてね。芭蕉の《荒海や佐渡に横たふ天の川》の一句が残りさえすれば、日本は無くなったっていいってね」

執行草舟は、どこかで書いている——日本は本土決戦で全滅を賭して戦ったならば、却って武士道の魂は残ったであろう、と。ただし、この考えは、次の考えと対をなしている。民主主義で懐柔されなければ日本人はこうもならなかったであろう、というのである。

草舟思想はしばしば極論である。ここから却って多くの読者を魅了してきた。もちろん、私もその一人で、右の考えにも共感する。

民主主義が悪いのではなく――最上の政体とも言えないが――繰りかえし言えば、それを楯にしたポピュリズムが悪なのである。これについて私は忘れがたい思い出を持っている。

戦時下、国民学校の生徒だった私共「昭和ひとけた組」は、常時、このように教えこまれた。「身は鴻毛《こうもう》より軽《かろ》し」と。「鴻毛」とは、鴻《おおとり》の羽毛のことで、きわめて軽いことの譬えとして言われる。人間の命はコーモーより軽いのだから、進んで国のために捨てよ、というのであった。

これそのものに恨みを持ってはいない。「滅私奉公」には馴れていたし、暴論ながら、軍事教育とはそんなものだった。ところが、戦後、まったく反対のことが言われだして、このほうにむしろ大衝撃を喫した。赤軍派の日航機乗っ取り事件にさいして時の首相福田赳夫はこう言い放ったのだ。「人の命は地球より重い」と。

昨日までコーモーのごとく目方《めかた》ゼロであった人間が、突如、地球大の重量を持っと聞かされて、往年の軍国少年は目の玉がでんぐりかえった。しかし、もっと驚いたのは、メディアが挙《こぞ》ってこの言葉を託宣のごとくに引用し、一片の疑念をも呈さなかったことである。かくして要求されるがままに政府は、多額の身代金を差し出して、収監した赤軍派メンバーを解放し、この連中が世界各地でいかにテロ活動を広げていったことか。

敗戦により「日本」は消え、「人間」に取って代わった。雑誌の題名から何から、一時、草舟のいう「人間の大氾濫」となった風潮を私は憶えている。かたわら、「国のために」はタブーとなった。令和四年十二月に、岸田総理による「安保三原則」の改定が公表され、歴史的転換と評価されたが、そのコメントを聞くと、「国民の生命と財産を守るために」の繰りかえしで、「日本のため」、「国のため」が一度も出てこないことに気づかされた。ほかの政治家の物言いを聞いても、みな同様である。揚げ足を取るわけではないが、これでは保険会社の宣伝と変わらない。国あっての国民ではなかろうか。いったん事あるときに、これで国民は気概を持てるのか。敵性国家が暗々裡に、うち《ヽ》の《ヽ》ほうがもっと確実に皆さんの生命と財産を守りますよと言ってきたときに、押し返せるのか。

独軍占領下に、パリで、ペタン元帥がヒトラーと握手して降伏を受け入れたときがそうだった。要するに祖国フランスを裏切ったのだと三島由紀夫が激怒したのも無理はない。

戦争中に「戦う僕ら小国民」までが竹槍を振るった「精神主義」の悪しき思い出あるゆえに、いまや「精神」の一語まで追放の憂き目を見つつある。武士道は、甲冑《かっちゅう》同様に骨董品《こっとうひん》あつかいとなった。

「武士道を失えば日本は中国の属国となるほかはない」と草舟の声が、荒野に呼ばわる預言者のごとく悲痛味を帯びて立ち昇るのは、ここである。

いみじくも草舟は言う。

「日本が何とか世界に伍していけるのは、新渡戸稲造の『武士道』と岡倉天心の『茶の本』と鈴木大拙の『日本的霊性』があるおかげだ」と。

この指摘の意味深いところは、それが戦後日本に足を踏み入れたアメリカ人の日本観と真っ向対立した点である。私は当時、リアルタイムで彼らの反応を分析していたのでよく知っているが（外務省の広報誌『国際文化』に「日本へ注ぐ眼」と題して連載した）彼らの平均的オピニオンはこのようだったのだ――「岡倉天心、鈴木大拙、小泉八雲は、ありもしない日本をでっちあげた三悪である」

いまでは考えられないような赤毛布《あかげっと》（半端な外国観）ぶりだが、自らを民主主義というメシア思想の宣教師のごとく心得る彼らの対日観は、そんな程度だった。もちろん、そこには東京裁判史観が決定的に影響していた。「皇軍のアトロシティーズ」（残虐行為）は世界中に喧伝された。内外ともに人はそれが中国製プロパガンダが発信源であることを知らなかった。そこからどう反応が生じたか。

往年のブシドー礼讃は、「武士道があるのになぜ残虐行為をやったのか」に取って変わったのである。知日派の西洋人までが大半、こうした見かたに染まった。わが旧友、『日本待望論』の著者、オリヴィエ・ジェルマントマから私はそう言われたし、日本論の名著の著者、モーリス・パンゲも、ベン＝アミ・シロニーも、虚構の南京大虐殺を無条件に真実と信じこんで記述している。

事ほど左様に、世界の反日勢力は背後で恐るべき影響力を振るいつつあり、その狙いは日本の神聖を潰すことによって名誉失墜させ、国力を殺《そ》ぐことに集中している。私は、止むに止まれぬ大和魂から、己の無力をも恥じず、多年、そのような見えない敵相手に国際間で徒手空拳を振るってきた立場であるので、われわれが伝統精神に則って行動することが如何に困難であるかを十分に分かっているつもりである。逆に言えば、そうであるだけに、執行草舟の武士道再興論がなおいっそう現実味を帯びて必要となってくるということも――。

それは、草舟においては、この復興論が徹底して深い内体験に裏打ちされているからにほかならない。その内体験とは、つねに「否《ひ》」の連続だった。青年期、初恋について、芥川比呂志と三島由紀夫の二大師匠から異口同音に「君はこの喪失から沈黙を得るだろう」と予告されたことに始まって、二度の神秘体験により「絶対負」の啓示を得るに至るまで、西洋の偉大なミスティックたちにも比すべき否定神学的「ニヒロ」の確認であった。以後、彼は、「負・破・狂」の三文字を、いわば、自身の運命の旗幟《きし》として掲げて生きてきた。

その中から、さらに一字を選ぶとすれば、「破」であろう。執行草舟の全人生は、いわば、破調ラプソディーを奏でつづけてきたかに見える。

その最大のインスピレーションを、草舟は、『葉隠』から得てきた。それは、彼が「超葉隠」と呼ぶ死の秘鑰《ひやく》にほかならないものであった。武士道とは、草舟にとっては、三島にとってと同様、究極には、自ら死んでみせねばならない何物かといえよう。

「犬死にでよい」とまで草舟は言い切っている。人間肥大症候群に対するこれ以上の劇薬はあるまい。現代の日本人は有用か無用かで全てを——武士道、切腹まででをも判断する。三島由紀夫の自刃についても、これはまったく無用だったと公言してはばからない著名国士さえあった。草舟の超葉隠論とは、いわば犬死に肯定論である。ただし垂直の思想あればこそだった。

主君のため、国のためという節義、大義によって死するといえども、これをもって解決しきれない問題も残るのだ。なぜなら草舟は、詩人、芸術家だからである。そしてそうである以上、いかなる大義といえども、一回かぎりのこの生、実存的生の謎を完全に消去しさることあたわず、逆に、死を前にして顕わとなる生の意味を、「永遠」とむすびつけて、創造によって問うことを運命づけられているからである。

劇的人物を衝き動かす心奥の小暗《おぐら》い炎を、マルローは「煤《すす》けたもの」(le fuligineux)

と呼んでいる。そこに、「不治なるもの」という抑えがたき情念の原子核を見る。ここより発して草舟が、いかに「破」の一語をもって特徴づけられる己の運命と格闘し、不羈《ふき》の諸活動を展開していったかを、われわれは見た。

瞠目すべきは、いわばこの破調が歴史と宇宙と芸術の三つの次元にまたがって響き合っていることである。何かが絶えず彼を衝き動かして、破調の木霊の返る場を選ばせてきたかのようだ。あえて氷河の亀裂に添って向かう騎士の北帰行、とも言えようか。西洋の歴史において草舟が選んだのは、フランスでは十二世紀の聖ベルナールであり、スペインでは十九世紀のウナムーノだった。ということは、騎士道が炎上し、神聖が合理に取って代わられた七百年間の前後、ヨーロッパの裂傷を印《しるし》づけた二大シンボルということである。失われた人間の魂のふるさと、宇宙へ還れと草舟は説く。が、その宇宙とは、ギリシア神話的アルカディア（桃源郷）でも、ルネッサンス的調和のそれでもなく、現代の尖端物理学が切り啓いてみせる「自発的対称性の破れ」による宇宙創成論のそれなのである。

芸術においても、同様の破調の根源的ヴィジョンから草舟は選んでいる。戸嶋靖昌以外に執行草舟コレクションの要をなす禅芸術は、そもそも西洋シンメトリーを破る「不均斉」（久松真一、一九五六年）を特徴としている。収集品の中心は、ヨーロッパで「ネオ・ゼンニスト」（新禅画派）と分類された近世禅画僧の作品群で、わけてもマルローが「疑問符の天才たち」と呼んだ白隠《はくいん》などの一群が素晴らしい。これに、慈雲らの墨蹟が加わり、さらに、いかにも草舟好みの別の系統の作品が加わる。楠木正成、新田義貞から西郷隆盛、山岡鉄舟、頭山満に至る武人たちの書で、これらを称して「憂国の芸術」と名づけたのは新鮮である。「南北朝、幕末と離れていても、節義に生きた人々は同じ字を書く」と鋭利に指摘している。さらに言う。「日本人は己を殺すことで主張する。その魅力、大和魂をこれらは伝えているのだ」と。

明治天皇の美術顧問をもつとめた祖父、執行弘道ゆずりであろうか、執行草舟の審美眼の確かなことは、「ゼン・アート」に山口長男《たけお》らの抽象絵画を加味したことにも窺われるところだ。もちろん、こうした観点そのものは新しくはない。どころか、「ゼン」と「アブストラクション」の接近は戦後芸術の最大の課題そのものだった。また、つとに久松真一は『禅と美術』で桂離宮の「楽器の間」の戦慄的コンポジションを取りあげ、モンドリアンのそれを暗示している。「もう禅と言わなくてもよい」とまで久松は踏み込んだ。「ゼン的」(le zen ではなく du zen) そのものが価値を持つ時代となっていたのだ。

それにしても、執行草舟コレクションの最近の企画展で、禅画のかたわらにコシノ・ジュンコの優れた作品を見いだしたときには、私はフレッシュな感動を覚えた。ファッション・デザイナーとしての名声しか知らなかったが、なんと、その絵画は、リアリズム世界の打破ではないか。そこに「抽象」が響き出ている。「抽象とはヴィジョネールのリアリズムだ」(L'abstraction est le réalisme du visionnaire.) とのカンディンスキーの言葉を思いださずにはいられない。

いま問われているのは、霊性の時代の幕開けにあたって、芸術の機能の、それにつれて芸術家の役割の見直しなのだと改めて思う。私は、出光佐三翁主宰の三年間にわたる「仙厓《せんがい》欧州巡回展」に一部随行し、またその現地の反響を総括したことがあったが、いちばん心に残ったのは、ベルギーのある批評家の書いた次の言葉だった。「仙厓とは、ミスティックなのか、それとも画家なのか?」というのである。かかる二元論の脱却こそは、「ゼン」の意義そのものであったはずだが……

草舟コレクションによる禅芸術展が令和五年秋に東京のスペイン大使館で挙行されると聞く。この機会に、文明論的角度からの新たな問題照射がなされることを期待している。戦後の禅の西漸《せいぜん》は、発祥地インドの「ディヤーナ」の名でも、中継地中国の「禅那」の名でもなく、日本の「ゼン」の名で広まったものだった。十九世紀のジャポニスムに継ぐ、ある意味でそれ以上に強烈な西洋文明への革命的衝撃がそこから生じた。一言で言えば、デカルト精神が「非合理」の洗礼を受けたようなものだった。魂の次元での文明の衝突がそこに火花を散らした。それこそは、東西邂逅による普遍的霊性文明誕生のはしりだったのだ。そして日本は、栄えあるその最終聖火ランナーだったのである。

ひるがえって、いま、ここから、次文明たる霊性文明における日本の資質と役割が改めて問われているといえよう。

＊

自らそう述懐するごとく、「かっこいい言葉」に次々と出遭っては、灯火に照らされるごとくそれらに導かれてきた執行草舟の人生ではあった。

中でも、幼少より現在まで、間断なくその行路を照らしつづけてきた一灯を選ぶとすればこれであろうか——

「神と国とのために」

聖アウグスティヌスゆかりのこの言葉を、祐輔少年は立教小学校に入学早々、その美しさゆえにラテン語で覚えた。

《PRO DEO ET PATRIA》と。

たしかにここには、人生と歴史の深部を照射する神智《グノーシス》が籠められているかのようだ。

現下のウクライナ・ロシア戦争の真相をも——。

プロ・デオ・エト・パトリア——

日本でこの美しい箴銘《しんめい》の玄義を解する人あらば、やはり内村鑑三が筆頭であろう。明治四十年から二十余年にもわたって『聖書之研究』誌上に断続的に発表された預言者論にそれは明らかなとおり。その論旨は明快で、聖書に語られる「預言者」と「偽預言者」の違いは、前者は神と正義を第一義とし、後者は祖国と富強を唱える者というのである。「デオ」（神）を立てる者が預言者、「パトリア」（祖国）に終する者が偽預言者である、と。箴銘は、その双方を兼ねよとの啓示であろうか。

「偽預言者」とは、そもそも「アンテ・キリスト」を意味する。一途《いちず》に富国強兵に奔《はし》り、宗教さえもこれに利用する者……との鑑三の言葉を読んで、私は、即座にプーチン大統領のことを思い浮かべた。プーチンは実際に、ギリシア正教の総主教を抱きこみ、総主教はウクライナの教会を破門している。ビザンチン帝国経由の東方教会の正統的継承者として「神と国」の双方の名において戦っているのは、明らかにロシアではなく、ウクライナのほうなのだ。

ここでも、マルローの言葉が痛烈だ――

あゝ！　願わくば、勝利は、好まずして戦争をした人々の側にありますように！

Ah ! que la victoire demeure avec ceux qui auront fait la guerre sans l'aimer !

——アンドレ・マルロー『アルテンブルクの胡桃の木』

同じ研究シリーズの中で内村鑑三はこうも書いている。現代風の表記で記せば——

「預言者は詩人であり、詩人は預言者である。どちらも直に神より遣《つか》わされてきた者であって、もし強いて両者の間に区別を立てるとすれば、預言者は昔の詩人、詩人は今の預言者と言うのが最も適切と思う」(傍点、内村)

こう言って鑑三は「エレミアの悲歌」を例に挙げ、絶讃を呈している。

このひそみに倣《なら》って言えば、「エレミアの悲歌」にも比すべき「憂国サイクル」の十五首を詠まれた昭和天皇も、『憂国』の著者三島由紀夫も、斉《ひと》しく現代日本の預言者にほかならない。

憂国は、愛国より深し——。

ちなみに、三島由紀夫の「憂国」という素晴らしい言葉は、他国語にはない。フランスでも三島の小説『憂国』は、『パトリオチスム』と訳されるほかなかった。が、これでは、「愛国主義」となって、鑑三風にいえばまさに偽預言であり、意味が逆転してしまう。

内村鑑三は、教義主体のキリスト教世界に対して、ヴィジョン主体を唱えるうえにおいて先駆的だった。もっとも、ヴィジョンと言わず、「異象」と言っているが。「異象とは夢である、幻である、画である、活画《タブロー》である……」続いて「蜃気楼のごときものである」と言うに及んで、期せずして仏典の華厳経と同じ比喩を用いている。そしてさらに、「預言者は思想を伝えられた者ではない、幻影を見せしめられた者である」と言うことで、預言者とはわれわれの言う「ヴィジョネール」であることに気づかされる。

ここから鑑三は、「黙示録は見象鑑である」（傍点、内村）として、きわめて重要な一事をあっさりとこう指摘する。

「神の黙示は元来、実物的であった。故にハッキリしていた。曖昧模糊たる所が少しも無かった。ゆえに預言者の言は自ずから簡潔であった。強堅であった。」

最後に引いた言葉の中で、「実物的」という一語に引きつけられる。神の黙示はフィジカルだと言うのである。『絶対的不可知論者マルロー』の著者、クロード・タンヌリーの予言的言葉が思いだされる。

「われわれの後継者たちは、異界《リンブス》より出て、メタフィジックではなく、フィジックの時代に入るであろう」

アンドレ・マルローが「この世界は収斂である」との人肯定に至ったのは、那智の滝という「フィジック」を前にしてのことだった。そこで彼は、精神と物質、外観と真理、人間と宇宙を分けない、いや、おそらく生と死さえも分けない「包括世界《ラングロバン》」(l'englobant)に観入したのだった。最後の二著書に、この包括世界の如何なるかについて、次のように記している。

「神々と死の世界、非年代記的時間、諸宗教の永遠。包括世界は、サクレより広大である」(L'englobant des dieux et de la mort, le temps non chronologique, l'éternité des religions. Il est plus vaste que le sacré.『非時間の世界』)。さらに、「それは、摑みがたきもの(l'insaisissable)の世界であり、諸宗教の母体であり

ながら、しかも諸宗教によっては満たされない世界である」(...l'insaisissable que les religions habitent, mais qu'elles n'emplissent pas.)(『ロム・プレケールと文学』)と。

このように捉えられた「包括世界」とは、すなわち、「霊性」というもほとんど同義ではなかろうか。

「霊性」は「サクレ」より広大だとマルローは言っているのである。

そう言い切ることによって、二十世紀の主導的文化理念であった、俗から切り離された聖としてのサクレの時代から、聖俗不二の宇宙的広大スペースとしての霊性の時代到来を予告したと受けとれる。

「あらゆる雲は同じ空へと溶け入る」とも、マルローは、より詩的な言葉で暗示したのではなかったか。

この空を、包括世界《ラングロバン》を、霊性と呼ぶことから内村鑑三の時代はまだ遠かった。いや、二十一世紀のいまなお、日本社会は、悪しき意味でセクト化した特定宗教教団に振り回されて、脱出口を見いだせずにいる。霊性から人間を切り離し、合理偏重の「政教分離」を百年来推し進めてきた自由世界のルールをもってしてはもはや解決しえない根本問題が、そこには露呈していると見るべきであろう。

事は、政治をこえ、文明論に帰着する。

そして古来、預言者とは、神の名において文明に対峙してきた人々であった。偽預言者と異なるところは、他国に占領され、同胞が拉致され、絶望が支配するとき、自ら道義的に改悛しなければ崩壊は必至と説くことにあった。ヘブライでは、エジプトに拉致された同胞の救済に立ちあがったモーセのように、あるいはアッシリア帝国に亡ぼされたユダ王国のイザヤのように、あるいはまたバビロニア帝国に支配されたイスラエル王国のエレミヤ、さらには新バビロニア帝国に占領された同王国のダニエルといったように。ユダヤの歴史とは、マサダの砦でローマ皇帝ティトゥスの軍勢によって最終的に滅亡し、以後二千年間にわたってディアスポラ（四散）の悲運を辿るまえに、廃墟に立ち昇るこれら預言者の悲涙、悲歌の連続であった。

ひるがえって我が日本を見るに、皇紀二千六百有余年の歴史において、たった一度の、初めての外敵による国土蹂躙《じゅうりん》であったがゆえに、国民は、その運命の本質をつかみかねずにいるようにもみえる。「なまじ民主主義のお仕着せあるゆえに」と草舟が、ずばり、虚構を剥《は》ぐ点は、ここである。

しかし、草舟は、日本の失墜の理由を、外因に求めず、深く内因に求めることによって、歴史家や批評家の立場ではなく、聖書での預言者的道義の立場に立つといえよう。

近年、日米間の歴史家の目覚ましい研究によって、旧来の日本悪玉論とは異なる大東亜戦争の真因が詳《つまび》らかにされつつあり、喜ばしいことではあるが、それによって戦前の我が国自身の錯誤《さくご》が一掃されるというわけではない。草舟は、昭和の「狂信的軍部」を激しく糾弾する。だが、進歩主義者のようにではなく、日本が日本に背いたがゆえにと見るのである。端的に、武士道が死んだからこそ、と。「日本を敗戦に向かわせた狂信思想は、西郷隆盛や内村鑑三のような《絶対負》の思想を持つ人々を日本社会から抹殺することによって生じたのです」(『おゝポポイ!』)

ただし、草舟は、絶対負の思想に、ポエジーをとおして共鳴する。

ポエジーとは、彼にとっては何より和歌だった。大東塾の国士、三浦義一の歌集『悲天』に驚愕、開眼し、後年、自らも作歌に精進する。自分の歌の師匠は日本武尊と三浦義一のみと述懐している。彼にとっては、男振《おとこぶ》りの世界といえようか。歌にも惚《ほ》れたが、人にも惚れた。三浦義一は、右翼、政財界の大立者で、GHQとの闘争で何度も刑務所入りしたが、日本を永久拘束した現行憲法の起草者、ケーディスGHQ民生局次長に刺客を送って失脚せしめ、一矢を報いるという大殊勲を立てた。あのままケーディスが民生局に居坐っていたら日本はさらに大変なことになっていただろうと、草舟は回顧している。

＊

ヘブライの預言者の中で執行草舟が特に憧憬するのは、モーセである。その「出エジプト」の「脱出《エクソダス》」は、彼の中で、いつしか、「脱人間」のそれと重なっていった。

草舟の心中で、どの程度、トインビーの「出エジプト」論が影響しているかは定かでない。「文明の没落」に抗する窮極の望みは、この偉大な英国歴史家にとって、一個の導師の導きによって一つの亡びゆく文明から他の文明へと、「細い回廊」をとおって「脱出」していくことだった。モーセが、エジプトに拉致されて隷属の民となりはてた同胞を率いて「約束の地」へと脱出していったように。トインビーの脱出論《エクソダス》は、二十一世紀のこんにち、楽観的に見えるが、いまなお美しい、比喩以上の何かを持っている。

ここから、執行草舟が「絶対負の思想」を確立する最終メタモルフォーズ（変貌）が始まる。

アンリ・ルソーが税官吏の服装をした画家であるように、草舟は酵素食品開発者の白衣を着た詩人となった。ただし、「不治なるものの預言者たち」（les prophètes de l'irrémédiable）とマルローが名づけた、ボードレールの系列に立って、である。

いかにも、詩人、芸術家として草舟は、ポエジーとフォルムの創造によって、己《おのれ》の運命を永遠にむすびつけ、もって人間の条件を脱しようとする。しかもこの条件とは、彼自身のものであるとともに現代文明の越えがたい壁であることを、大いに自覚している。かつて神と呼ばれた宇宙意志による創造から自らを切り離した人間の倨傲《きょごう》、人類の頭上に投下した原爆第一号を「リトル・ボーイ」と名づけて恥じざる欺瞞を、「自由」、「ヒューマニズム」の名で糊塗する文明は必滅と、断罪する。ここから、「現代は、もういちど、エクソダスを実現しなければならない」と説いて、こう声を強める。

今後の世界がどうなっていくのか。それは誰にももちろん分からない。しかしただ一つ言えることは、ヒューマニズムに汚染されたいまの「人間」は必ず滅びることは分かっている。これだけは絶対に言い切ることができる……

——執行草舟『脱人間論』講談社、二〇二〇年

預言者が予言者となるときの転調を、われわれはここに聴く。前世紀のシュペングラーの文明必滅論の再来であろうか。

前段はそうかもしれない。しかし、草舟は、同書でこうも言うのだ。

宇宙の終末に人間は屹立するだろう。
愛の本質に到達するだろう。

一見、この予言は、終末論的悲観論の詩的幻想にすぎないように見える。だが、そうではないのだ。旧約の預言者たちがその時々の「現行文明」必滅を予言したときに付言した「汝ら、もし悔い改めざれば」と同様の条件を述べたものだからである。

「人間が屹立し、愛の本質に到達できなければ世界は消滅する」——と草舟は警告しているのである。そしてそれこそは、マルローの予言、「二十一世紀はふたたび霊性の時代……」の真義と一致する。その意味は、「もしふたたび霊性の時代とならなければ……」だからである。

本書巻頭に引いた三島由紀夫の言葉が甦ってくる。「平和は時間の不可逆性が崩壊しないかぎり到達不能である」。これも同様の根源的ヴィジョンによるものであろう。

ここから、草舟の眼前に、あの一連の「活画《タブロー》」――又しても内村鑑三の表現を借りれば――が流れはじめる……

＊

まだ宵の賑わいを見せる渋谷の雑踏を縫って、一家四人を乗せた一台の車が走っていく。

街を抜けると、多摩川に出て、ある丘陵地帯へと向かう。とある駅の広場に停車し、そこで四人の人影が下りた。倒れんばかりの病身を杖にささえた初老の男性と、その妻と、目を見張るような美貌の兄妹とである。

四人は互いに庇い合うように、一条の懐中電燈の灯りをたよりに、疎水の流れる山間《やまあい》の小径を登っていく。と、忽然と星空の啓けた丘上の麦畑に出た。あたりはもう人家はない……

草舟の目は、四人の人影をどこまでも追っていく。

「南へまっすぐ！　どこまでもまっすぐ！」

と家長の叫ぶ声を草舟は聞く。そのときの大杉重一郎の思いが、どうして草舟自身の思いでないはずがあろうか——。

「時間と空間のこの否《いな》みがたい抵抗を越えて、ただそこへ到達できればいいのだ。……もし自分の仮りに享《う》けた人間の肉体でそこに到達できなくても、どうしてそこへ到達できない筈《はず》があろうか……」


なおも草舟の視線は追う。


ようやく丘上に辿り着いた一行は、かなたに、叢林に包まれた円丘を見る。突然、娘は叫んだ。

「来ているわ！　お父様、来ているわ！」

『美しい星』の最後はこのようである。

「円丘の叢林に身を隠し、やや斜めに着陸している銀灰色の円盤が、息づくように、緑いろに、又あざやかな橙《だいだい》いろに、かわるがわるその下辺の色を変えているのが眺められた」

＊

私は思いだす。

「憂国忌」五十周年の壇上で熱弁を振るう草舟の声が、『美しい星』に触れるや、外からは窺い知られざる如何なる思い入れによってか、突如、高音に打ち震えたのを。それは、このSF小説に語られるフィナーレの地球脱出の光景が草舟自身にとってこの上なく切実な問題であることを示すものであった。

顕現する異象を見る目があり、また別の目がそれを追いかけていく。これはどういうことであろう。

文明の没落にさいして、ヴィジョネール（幻視者）が相継ぐということではあるまいか。旧約聖書は、そのような危機に「円盤」が出現した事実を記録している。エリヤと、エゼキエルと、二人のヘブライの預言者の例が名高い。どちらも円盤に遭遇したのみならず、それに連れ去られた。

神人《しんじん》エリヤは、前六世紀、アッシリア帝国によって亡ぼされたユダ王国の人で、祭司エゼキエルは、アッシリアを亡ぼした新バビロニア帝国によって同胞とともに「バビロンの幽囚」の悲運に遭った人である。エゼキエルは、エルサレムの廃墟化とイスラエルの復興を予言した。両者ともに「神の火車」を見た。その形状と運行については特に「エゼキエル書」に詳しい。それによれば「火車」は金属製で、二つの輪を重ね合わせたような恰好だった。周辺に窓を配し、外輪は空中を進行するときには回転せず、静止するときにのみ回転していた。すべての点で、第二次大戦後に発見されて一挙にその存在が世界中で知れわたった「アダムスキー型」空飛ぶ円盤の古典的特性と完全一致する。エゼキエルの場合には、現れた四基の円盤の上方に巨大な母船があった……とまで示唆されている。

「列王記II」第二章と「エゼキエル書」第一章に記されたこれらの現象は、すべて「霊」の概念をもって捉えられ、その奇妙さから後代の聖書解釈学者たちが最も頭を悩ませてきたところのものである。しかし、現代においては右のごとくハイテクノロジー的観点から解釈することも不可能ではあるまい。（原発大国フランスでは、施設にひんぱんに飛来する未確認飛行物体への警戒から政府の研究機関がこれに対応し、協力関係にある民間研究所がつとに半世紀も前から聖書の事例を明らかにしてきている。）

内村鑑三も、当然、この種の現象には好奇心をそそられたことであろう。先に引用した「神の黙示は元来、実物的であった」との一言は含蓄に富んでいる。もっとも、昭和三年（一九二八年）のあの時点においては、「実物」の何たるかを突き止めることは困難だったであろうけれども。

人類平和は来るのだろうか。

時間の不可逆性の崩壊する世界の到来なくしてそれは不可能と信ずる義人の一家が、前方の丘上へと昇っていく。彼らは、光を明滅させながらそこに空から舞い降りる異象を見るだろう。不可逆性をくつがえす原理を発見した異星からの使者を。

彼らの背中から片時も目を離さずに、「不治」の徴を帯びた二十一世紀人——執行草舟がその跡を追っていく。

何ゆえの執心か、それもまた「列王記Ⅱ」に記されている。

昇天を待つエリヤに向かって、弟子のエリシャはこう懇請《こんせい》する。

「師よ、御身《おんみ》の霊力を二分して、われに与えよ」と。

「難《かた》きことを請うかな」とエリヤは打ち笑って、こう答えるのだ――

「なんじ、もし我の昇天するさまを見れば、それは叶えられるであろう。見なければ叶えられないであろう」

と、天から一陣の龍巻が吹き下り、エリヤはそれにさらわれていった……


「美しい星」――地球、いづこへ？

炎上を、それは免れるだろうか。

見ることの一瞬に、その運命はかかわっている。

まばたきもせず、草舟は、上昇していく光体を視つめている。

マ行

ヤ行

ラ行

タ行

ナ行

ハ行

サ行

書名・文献名索引

ア行

カ行

ラ行

ヤ行

マ行

ナ行

ハ行

タ行

サ行

カ行

人名索引

ア行

装幀　中島浩

竹本忠雄　TAKEMOTO Tadao (1932～)

日仏両国語での美術・文芸評論家。筑波大学名誉教授、コレージュ・ド・フランス元招聘教授。アンドレ・マルローの側近・研究家として国際的に著名。深層の日本紹介と高度の東西対話に一貫従事し、特に合理偏重の歴史的錯誤からいかに人類は再起すべきかとの観点で霊性文明の復興を提唱し、ヴィジョネール（幻視者）としての自らの一代記をまとめた『未知よりの薔薇』全8巻を89歳で刊行した。その2年後、2023年秋、『執行草舟の視線 美しい星いづこへ』の出版に至る。主著『マルローとの対話』、『秘伝ノストラダムス・コード』、『皇后宮美智子さま 祈りの御歌』のほか、著訳書多数。

執行草舟《しぎょうそうしゅう》の視線《しせん》　美《うつく》しい星《ほし》いづこへ

2023年10月20日　第1刷発行

著　者　竹本忠雄《たけもとただお》
発行者　堺 公江
発行所　株式会社講談社エディトリアル
　　　　郵便番号112-0013
　　　　東京都文京区音羽1－17－18 護国寺SIAビル6階
　　　　電話（代表）03-5319-2171
　　　　　　（販売）03-6902-1022
印刷・製本　株式会社KPSプロダクツ

定価はカバーに表示してあります。
落丁本・乱丁本は、購入書店名を明記のうえ、講談社エディトリアル宛てにお送りください。
送料小社負担にてお取り替えいたします。

ISBN978-4-86677-136-6